Antigua Roma

Una Introducción Fascinante a la República Romana, el Ascenso y la Caída del Imperio Romano y el Imperio Bizantino

© **Copyright 2019**

Todos los derechos reservados. Ninguna parte de este libro puede ser reproducida de ninguna forma sin el permiso escrito del autor. Los reseñantes pueden citar pasajes breves en los comentarios.

Cláusula de exención de responsabilidad: Ninguna parte de esta publicación puede reproducirse o transmitirse de ninguna forma ni por ningún medio, mecánico o electrónico, incluidas fotocopias o grabaciones, ni por ningún sistema de almacenamiento y recuperación de información, ni transmitirse por correo electrónico sin la autorización escrita del editor.

Si bien se han realizado todos los intentos para verificar la información provista en esta publicación, ni el autor ni el editor asumen ninguna responsabilidad por los errores, omisiones o interpretaciones contrarias del contenido aquí presente.

Este libro es solo para fines de entretenimiento. Las opiniones expresadas son solo del autor y no deben tomarse como instrucciones u órdenes de expertos. El lector es responsable de sus propias acciones.

El cumplimiento de todas las leyes y normativas aplicables, incluidas las leyes internacionales, federales, estatales y locales que rigen las licencias profesionales, las prácticas comerciales, la publicidad y todos los demás aspectos de realizar negocios en los EE. UU., Canadá, el Reino Unido o cualquier otra jurisdicción es de exclusiva responsabilidad del comprador o lector

Ni el autor ni el editor asumen ninguna responsabilidad u obligación alguna en nombre del comprador o lector de estos materiales. Cualquier desaire percibido de cualquier individuo u organización es puramente involuntario.

Índice

INTRODUCCIÓN 1

CAPÍTULO 1 - LOS SIETE REYES DE LAS SIETE COLINAS: LA FUNDACIÓN DE ROMA Y SUS PRIMEROS GOBERNANTES 4

    El Mito de la Fundación 4

    Los Primeros Romanos 5

CAPÍTULO 2 - LA REPÚBLICA NACIENTE: TODA ITALIA ES ROMANA 7

    Los Patricios, Los Plebeyos y El Conflicto de Órdenes 7

    Expansión Militar Durante la República Naciente: Tomando Italia ... 9

CAPÍTULO 3 - LAS GUERRAS PÚNICAS Y LA DOMINIO MEDITERRÁNEO: LA REPÚBLICA MEDIA 11

    La Primera Guerra Púnica 12

    La Segunda Guerra Púnica y la Primera Estrella Militar Romana: Escipión el Africano 13

CAPÍTULO 4 - DESCENSO, CORRUPCIÓN Y GUERRAS CIVILES: FINALES DE LA REPÚBLICA 15

    Los Mártires de la Justicia Social: Los Hermanos Graco 16

    Mario El Hombre Nuevo y Sila 16

    El Triunvirato: Pompeyo, Craso y César 17

    Cicerón contra Catilina 18

CAPÍTULO 5: CAYO JULIO CÉSAR, CRUZANDO EL RUBICÓN Y LA MUERTE QUE SACUDIÓ LA CIUDAD 19

    César y Cleopatra 20

    El Querido Dictador 21

    La Muerte de César 22

CAPÍTULO 6 - EL ASCENSO DEL PRIMER EMPERADOR ROMANO . 24

    El Segundo Triunvirato 25

    La misión oriental de Antonio 27

    Octavio Tiene la Última Palabra 28

CAPÍTULO 7 - PRINCIPIOS DEL IMPERIO ROMANO: PRINCEPS AUGUSTUS Y DINASTÍA JULIO-CLAUDIA 29

    La Edad de Augusto 29

    La Vida y El Reino de Tiberio 32

    Calígula 33

    Claudio 33

    Nerón 34

CAPÍTULO 8 - LA DINASTÍA FLAVIA 37

    Vespasiano 37

    Tito 38

    Domiciano 39

CAPÍTULO 9 - LA DINASTÍA ANTONINA 41

    Nerva 41

    Trajano 42

    Adriano 44

    Antonino Pío 46

    Marco Aurelio 46

    Cómodo 47

CAPÍTULO 10 – FINALES DEL IMPERIO 49

    Diocleciano y la Tetrarquía 49

El Fin de la Tetrarquía 51

Constantino Toma el Oeste.. 51

… y el Este 52

CAPÍTULO 11 - EL IMPERIO DE CONSTANTINO...54

Los Primeros Herejes: Los Arrianos 55

Construyendo Constantinopla (La Nueva Roma) 56

Los Últimos Años de Constantino El Grande: Un Oscuro Secreto, Bautismo y Muerte 57

CAPÍTULO 12 - DINASTÍA CONSTANTINIANA..58

Los Hijos de Constantino.. 58

Juliano el Apóstata 59

Restaurando La Cultura Grecorromana: Los Sueños Inútiles de Juliano 60

CAPÍTULO 13 - DESCENSO Y CAÍDA DEL IMPERIO ROMANO OCCIDENTAL 63

Valentiniano, Valente y Graciano 63

Teodosio 64

Exclusividad del Cristianismo 64

El Saco de Roma 65

Los Terroríficos Hunos 65

Resistiendo a los Maestros Bárbaros 66

La Caída del Oeste. El Este Avanza. 67

CAPÍTULO 14 - EL MILENIO BIZANTINO 68

Justiniano y Teodora 68

Un Dios en el Cielo, Un Emperador en la Tierra 69

Las Cruzadas 70

Los Otomanos 72

LA CRONOLOGÍA DE LA HISTORIA ROMANA 73

Historia Antigua: La República Romana... 73

Imperio Naciente 75

Finales del Imperio.. 77
El Imperio Bizantino 80
NOTAS FINALES.. 83

Introducción

La civilización romana es probablemente la civilización más importante de la historia del planeta. Su expansión definió a Europa. Su constitución formó sociedades desde Rusia en el este hasta los Estados Unidos y América Latina en el oeste. Ni siquiera sus conquistadores fueron inmunes a la cultura superior romana. Cuando, en los inicios de la era moderna, los turcos otomanos conquistaron Constantinopla (la "Nueva Roma" y la capital del Imperio desde la época de Constantino el Grande), se encontraron cautivos de su rica tradición. Su propia sociedad evolucionó sobre las alas romanas. La ley y la política romana más tarde influirían en la constitución de los Estados Unidos y, finalmente, los descendientes más evidentes del establecimiento romano incluyen la Unión Europea y la alianza de la OTAN.

En este libro, aprenderá todo lo que necesita saber sobre las instituciones y la política romana. Pero nuestro enfoque estará en las historias cautivadoras y las curiosas personalidades de los emperadores, políticos y generales romanos, desde Rómulo, César, Augusto, Trajano y Adriano, hasta Constantino, Justiniano y Belisario. De igual importancia (y tal vez aún más interesantes) son las historias de mujeres influyentes: madres, esposas y amantes, desde Cleopatra y Agripina hasta Teodora y Zoé, con los ojos negros como el carbón, cuyos esquemas a menudo redirigieron el curso de la historia.

A diferencia de otras sociedades antiguas, la antigua Roma se extiende por milenios, desde su fundación en el siglo VIII a.C., hasta la caída de Constantinopla en 1453 d.C. Su historia no es uniforme y las constituciones romanas evolucionaron todo el tiempo.

Podemos dividir la extensa línea de tiempo de la historia romana en cuatro grandes épocas. La primera, el reino romano, comienza con el fundamento mítico de la ciudad y su primer rey, Rómulo, y termina con el asesinato del último rey, Tarquinio el Orgulloso, en el siglo VI a.C.

El segundo período es la notable República romana, la época sofisticada que nos dio los hermanos Graco, Julio César y Cicerón. Este período se caracterizó por las constituciones políticas altamente desarrolladas y las nociones de ciudadanía, pero, sin embargo, cayó desde adentro, devorado por la corrupción y numerosos asuntos, como pronto usted aprenderá. Estas historias le harán recordar la intriga política actual, el comportamiento escandaloso de individuos poderosos, el populismo y el asesinato ocasional. Los antiguos romanos solían matarse entre sí con demasiada frecuencia, pero siempre tenían algunas explicaciones convincentes listas para ser servidas. Lo público y lo personal estaba entremezclado, y los opositores políticos de los hombres poderosos a menudo se presentaban como los enemigos de la constitución.

Los romanos solían escribir a menudo y mucho, y no solo aquellos romanos cuyo trabajo era escribir, como poetas e historiadores. Líderes como Julio César y Marco Aurelio escribían sus memorias diariamente. Gracias a la abundancia del registro escrito, podemos tener una idea clara de sus motivos y ambiciones y descubrir la verdad sobre los eventos más controvertidos de la historia, incluidos aquellos que involucraron a traidores, asesinos y amantes espías.

Los dos últimos períodos en la historia romana se encuentran bajo el "imperio". El Imperio agustino, o "Principado", tenía una constitución que preservaba las instituciones de la República, y los emperadores eran formalmente "los primeros entre iguales". Este período comienza con Octavio (Augusto) y termina con un grupo de emperadores insignificantes que llegaron al trono matando a sus predecesores, fueron asesinados por sus sucesores y fueron controlados por los líderes "bárbaros" cada vez más influyentes.

La era final, aunque la más reciente, es al mismo tiempo la más desconocida y está casi completamente "Perdida al Oeste".[i] Se llama "Dominación" y comienza con Diocleciano, que dividió y reformó la administración del vasto imperio. Dos cambios cruciales tuvieron lugar durante esta época. Constantino el Grande movió la capital hacia el este y, posteriormente, el cristianismo se convirtió en la religión oficial del imperio.

Como veremos, las revoluciones más grandes y de mayor alcance en la historia de la civilización occidental tuvieron lugar por primera vez en el mundo romano.

Capítulo 1 - Los Siete Reyes de las Siete Colinas: La Fundación de Roma y Sus Primeros Gobernantes

La historia de la antigua Roma comienza con un período sombrío entre el mito y la historia. La leyenda de la fundación no es muy bonita e incluye un puñado de elementos no heroicos, como el asesinato y la violación. Sus protagonistas pertenecen al fondo de la sociedad; eran asesinos, prostitutas y todo tipo de bandidos que previamente habían sido desterrados de sus ciudades.[ii]

El Mito de la Fundación

La historia comienza en el pequeño reino de Alba Longa en la península italiana. Un malvado usurpador llamado Amulio había expulsado del trono a su hermano, el rey Numitor, y había obligado a su hija, Rea Silvia, a convertirse en una sacerdotisa virgen para que nunca hubiera nadie que afirmara ser el legítimo heredero de Numitor. Pero su plan no funcionó, y la sacerdotisa pronto quedó embarazada, gracias al falo etéreo del dios Marte que emergió del fuego sagrado.[iii] Ese fue su lado de la historia, que incluso los primeros historiadores romanos solían tomar con cautela, pero nunca dejaron de mencionar.

Rea Silvia dio a luz a los gemelos Rómulo y Remo. Amulio ordenó al instante que los legendarios gemelos fueran arrojados al río Tíber, pero sus sirvientes dejaron a los bebés en la orilla. Una lupa (latín para loba hembra o una expresión de argot para una prostituta) los salvó de morir de hambre, y un pastor los llevó a casa con él.

La Loba Capitolina - un ícono de Roma [iv]

Los niños crecieron, conocieron a su abuelo Numitor y lo ayudaron a reclamar el trono de Alba Longa. Luego siguieron adelante, con el objetivo de establecer su propia ciudad. Resultó que no eran un gran equipo. Los hermanos se pelearon por la ubicación de la futura ciudad. Remo insultantemente saltó sobre las defensas que Rómulo estaba construyendo alrededor del Monte Palatino, una de las famosas Siete Colinas de Roma. Indignado, Rómulo mató al hermano irrespetuoso y continuó solo.[v]

Los Primeros Romanos

Rómulo, acompañado por un puñado de amigos y simpatizantes, logró construir la ciudad, y ahora necesitaban una población. El primer rey de Roma declaró la ciudad como un asilo. Los primeros ciudadanos fueron bandidos y fugitivos de toda la península y más allá. Una población masculina no podía tener un futuro brillante, por lo que Rómulo ideó un nuevo plan astuto y convocó a los pueblos vecinos, los sabinos y los latinos, a un festival familiar. En medio de los procedimientos, los hombres de Rómulo capturaron a las adolescentes y mujeres jóvenes entre los invitados y se las llevaron como esposas.

Unos años más tarde, los hombres de Sabinia vinieron a vengarse y rescatar a sus hijas y hermanas, solo para descubrir que las mujeres ahora eran esposas y madres felices. Pararon la escaramuza y Roma se convirtió en una ciudad compartida entre los romanos y sabinos, gobernada por Rómulo y el rey sabino Tito Tatio.

Tatio fue asesinado durante un motín y, un par de años más tarde, Rómulo desapareció durante una tormenta. O bien se convirtió en el dios Quirino y ascendió a los cielos o terminó siendo asesinado por sus oponentes políticos.[vi]

El segundo rey de Roma fue un sabino llamado Numa Pompilio que estableció tradiciones religiosas como las vírgenes vestales, introdujo el título de Pontifex y creó el calendario de doce meses. Tulio Hostilio le sucedió. Su apellido era bien merecido, ya que era un guerrero notorio que conquistó y destruyó pueblos cercanos, incluida la legendaria ciudad de Alba Longa. Los siguientes reyes en sucesión fueron Anco Marcio, Lucio Tarquinio ("Tarquinio el viejo"), Servio Tulio ("el más sabio, el más afortunado y el mejor de todos los reyes de Roma"[vii]), y Lucio Tarquinio el Soberbio (Tarquinio el Arrogante o Tarquinio el Orgulloso). Este Tarquinio fue responsable del asesinato de su predecesor y fue conocido como un tirano despiadado. Gobernó bajo el temor hasta que el pueblo de Roma lo derrocó para establecer la "República libre de Roma" en el siglo sexto a.C.

Capítulo 2 - La República Naciente: Toda Italia es Romana

Nadie sabe exactamente cómo y cuándo comenzó realmente la res publica (República). Los historiadores antiguos como Tito Livio ofrecieron una narrativa impecable de lo que probablemente fue el caos. Les encantaba imaginar que sus instituciones tradicionales iban mucho más lejos de lo que realmente lo hacían.[viii]

Una república es profundamente diferente de una monarquía, y esta forma de gobierno completamente diferente no podría establecerse de la noche a la mañana. Las instituciones características de Roma se formaron en algún momento del siglo quinto o cuarto antes de Cristo. Los romanos delinearon los principios subyacentes de la política republicana poco a poco. Definieron "qué era ser romano" y su idea de ciudadanía, derechos civiles y responsabilidades. En algún lugar durante ese proceso, Roma finalmente comenzó a parecer "romana".'[ix]

Los Patricios, Los Plebeyos y El Conflicto de Órdenes

Esos dos siglos no fueron de prosperidad pacífica. Después de la eliminación de Tarquinio el Soberbio, el poder llegó a manos de un pequeño número de familias aristocráticas conocidas colectivamente como los patricios.[x] Solo a los miembros de las familias patricias se les permitía ocupar cargos religiosos y políticos o ser elegidos cónsules. Los patricios eran ricos e influyentes, pero los plebeyos eran la gran mayoría. Durante el período comprendido entre 494 y 287 a.C., los ciudadanos desfavorecidos de Roma protestaron y desafiaron la supremacía patricia.[xi]

Los plebeyos no eran solo gente pobre de Roma. Algunos de ellos eran tan ricos como los patricios, y requerían una parte igual del poder político. La mayoría de los romanos los apoyaron, con la esperanza de que el cambio aliviaría sus deudas. En el 494 a.C., los cónsules necesitaban el ejército, pero los soldados, que eran todos plebeyos, se negaron a venir. Este evento es recordado como la primera secesión de los plebeyos. Los patricios se vieron obligados a otorgar a los plebeyos el derecho de formar el Concilium Plebis y de tener sus propios funcionarios, los tribunos, para proteger sus derechos. Unos años más tarde, se compuso la primera ley escrita, las doce tablas. El progreso fue gradual y hubo más leyes en las próximas décadas. Finalmente, los plebeyos ricos tenían los mismos derechos que los patricios. Los pobres aún carecían de derechos básicos, y para finales del siglo III se llevaron a cabo dos secesiones más de plebeyos.

Los patricios tenían que reconocer los derechos, las instituciones y las organizaciones plebeyas. Pero esto era simplemente en la superficie. Las tribunas rara vez usaban el derecho de veto para proteger los intereses de los pobres. Ellos mismos eran ricos, y sus intereses eran los mismos que los de los patricios. Sin embargo, se formaron las instituciones de la república y un delicado equilibrio de poder. La república romana se desarrolló plenamente durante los próximos dos siglos.

Expansión Militar Durante la República Naciente: Tomando Italia

Las secesiones de la plebe fueron muy efectivas porque Roma estuvo en estado de guerra casi todo el tiempo durante este periodo mientras el ejército romano luchaba contra las tribus vecinas en Italia. La primera guerra fue de defensa. Tarquinio el Soberbio intentó recuperar el trono romano. Reunió al ejército etrusco y atacó Roma y otras ciudades hasta que todos se unieron en la Liga Latina y se libraron de los agresivos etruscos. Al final, todas las ciudades latinas se convirtieron en parte del sistema romano. Incluso los etruscos necesitaban ayuda de Roma cuando surgió otro enemigo expansionista: los galos.

Los celtas galos habían derrotado al ejército romano una vez. Esta derrota fue crucial para el crecimiento romano. A pesar del daño considerado, los romanos lograron consolidar su ejército y economía y construir muros masivos para evitar que alguien se apoderara de la ciudad.[xii] Finalmente, Roma logró derrotar tanto a los etruscos (que atacaron de nuevo) como a los galos. Los siguientes fueron los samnitas, los campanianos y la coalición de ciudades llamada Liga Latina, creada no hacía mucho tiempo con la ayuda de Roma. Los romanos lograron poner a una tribu en contra de la otra ("dividir y gobernar"), separar la liga y hacer de esas ciudades las primeras colonias romanas.

Los romanos ganaron el control de la mayor parte de Italia poco a poco. El último paso fue conquistar las colonias griegas en el sur de Italia, que se conocían como Magna Grecia ("Gran Grecia"). La colonia griega más rica e influyente fue Tarento. Los tarentinos eran tan ricos que lograron contratar al general griego número uno de su época, el rey Pirro de Epiro. Su ejército estaba compuesto por 25.000 hombres y 20 elefantes de guerra que pertenecían al gobernante egipcio Ptolomeo II. Pirro ganó algunas victorias, pero los romanos eran mucho más resistentes. Durante la primera mitad del siglo III a.C., todas las ciudades griegas se vieron obligadas a entrar en el sistema romano y convertirse en socii (aliados). Al igual que las ciudades latinas estaban obligadas a proporcionar tropas, las ciudades griegas tenían que proporcionar barcos para el ejército romano. Toda la península se convirtió en romana, y eso fue solo el comienzo de la expansión romana.

Capítulo 3 - Las Guerras Púnicas y La Dominio Mediterráneo: La República Media

Ahora que la república romana lidió con éxito con la tensión interna y la oposición dentro de la península, continuó creciendo. Durante el siguiente siglo y medio, Roma estaba en proceso de convertirse en una verdadera superpotencia mediterránea. Eso significaba que tenía que luchar contra algunos nuevos enemigos, incluida la poderosa ciudad fenicia de Cartago en el norte de África.

Cartago fue fundada alrededor del 800 a.C., por los fenicios, quienes se especializaron en el comercio marítimo. La ciudad estaba ubicada en un excelente puerto natural que hoy pertenece a la ciudad de Túnez. Cartago tenía todo un comercio en el Mediterráneo occidental bajo su control y se cree que Polibio era "la ciudad más rica del mundo". Su imperio, en ese momento, comprendía el norte de África, España, Cerdeña y Sicilia. Su ejército estaba formado por numerosos mercenarios y una armada increíblemente bien equipada y eficiente. Cartago tuvo una influencia sobre el Mediterráneo occidental durante años, pero los romanos se hicieron más fuertes y el conflicto era inevitable.

La Primera Guerra Púnica

Las dos potencias solían estar en buenos términos entre ellas durante el tiempo en que Roma tuvo que luchar contra la agresión de Pirro de Epiro. Sin embargo, después de que fue derrotado, Roma terminó mucho más fuerte y sus actividades se extendieron a Sicilia, que aún estaba bajo el control de los cartagineses. En el 264 a.C., Roma se alió con los griegos siracusanos contra Cartago, y comenzó la Primera Guerra Púnica.

Durante siglos, Cartago luchó contra los siracusanos y otros griegos para lograr el dominio. Pero luego una banda de mercenarios italianos llamados los hijos de Marte (mamertinos) conquistaron la ciudad siciliana de Messina y atacaron el territorio cartaginés y siracusano. Los ataques comenzaron en 288 a.C., y en 265 a.C. facciones opuestas dentro de Messina pidieron ayuda a Roma y Cartago. Cartago envió una flota, pero un ejército romano entró en Sicilia y obligó al comandante cartaginés a entregar la ciudad. Siracusa se unió a Roma contra Cartago, y así comenzó la Primera Guerra Púnica en 264 a.C.

Los romanos tuvieron dificultades para acercarse al territorio cartaginés en Sicilia desde tierra, mientras que la soberbia marina de este último inició una serie de ataques en la costa italiana. Fue una situación difícil. Roma tenía los recursos y, ahora que era necesario, decidieron construir su propia armada. Y así lo hicieron. En tan solo 60 días, crearon una impresionante flota. Los aliados griegos sabían cómo usar los barcos y los quinquerremes, y la primera acción naval contra los cartagineses fue un éxito.

Unos años más tarde, los romanos, que se convirtieron en una fuerza naval importante casi de la noche a la mañana, enviaron un ejército a África para atacar a Cartago. El resultado fue desastroso, pero Roma mostró resistencia y logró construir una nueva flota en un corto período de tiempo. La guerra terminó en 241 con Roma como ganadora absoluta. Cartago fue devastado tanto militar como económicamente y se vio obligado a pagar costos de reparación de alto valor. En cuanto a la República romana, su poder, además, ahora fue confirmado.

La Segunda Guerra Púnica y la Primera Estrella Militar Romana: Escipión el Africano

La Segunda Guerra Púnica comenzó en 218 a.C., cuando las dos partes tenían intereses en conflicto en España. Las fuerzas cartaginesas fueron dirigidas por el brillante general Aníbal, uno de los mejores genios militares de la antigüedad: "siempre el primero en atacar, el último en abandonar el campo."[xiii]

Los romanos se preparaban para invadir tierras cartaginesas tanto en España como en el norte de África. Al mismo tiempo, Aníbal marchó hacia los Alpes, con el objetivo de invadir Italia. Había perdido muchos hombres y elefantes, pero los galos cisalpinos se unieron a él. En 218 logró ingresar a Italia y ganó muchas batallas durante los siguientes dos años, incluida la Batalla de Cannas. Aníbal también dirigió una guerra de propaganda y actuó como un liberador de los aliados romanos, afirmando que ya no tenían la obligación de proporcionar tropas a Roma o contribuir al sistema tributario romano. El ejército republicano perdió más de 70.000 hombres y varios cónsules (los cónsules lideraban el ejército romano en ese momento).

Roma tuvo que cambiar sus tácticas rápidamente. Algunos líderes militares experimentados fueron restaurados al poder en lugar de elegir nuevos magistrados cada año. Roma se estaba recuperando gracias a Quinto Fabio Máximo ("el que retrasa") y Marco Claudio Marcelo, quien rápidamente se conoció como el "Escudo y la Espada de Roma". Pero la guerra se estaba librando en otros frentes, y los dos generales romanos que lideraron el ejército en España, los hermanos Publio y Cneo Cornelio Escipión, fueron asesinados en la batalla. Entonces sucedió algo sin precedentes en la historia romana: el hijo de Publio de 24 años, también llamado Publio Cornelio Escipión, se convirtió en el jefe del ejército Era demasiado joven e inadmisible para solicitar una posición de autoridad, pero allí estaba: valiente, eficiente y popular. El joven Escipión reestructuró las fuerzas en España, introdujo nuevas armas y reorganizó la legión romana. Para 205, Escipión y sus hombres habían expulsado a las fuerzas cartaginesas de España. En 202, ahora como cónsul de Roma, Escipión derrotó a los cartagineses en su propio territorio en el norte de África, y tomó el nombre de Africanus.

Escipión no quemó Cartago hasta los cimientos, pero su nieto adoptivo, Publio Cornelio Escipión Emiliano, lo hizo varias décadas más tarde, motivado por la agresiva campaña de varios senadores de edad avanzada que decían: *Carthago delenda est* ("Cartago debe ser destruido").

Capítulo 4 - Descenso, Corrupción y Guerras Civiles: Finales de la República

La política de la República romana tenía una fachada perfectamente limpia, con togas blancas, alta retórica, instituciones avanzadas y un noble sentido de la virtud y la justicia. Pero debajo de la superficie, se caracterizó por un deseo de poder y conspiraciones. Individuos ricos públicamente desconocidos gobernaban desde las sombras, dejando que sus títeres hicieran la política en público.

Alrededor del 130 a.C., la República romana tenía todo el Mediterráneo bajo su control y ya se había convertido en el estado más poderoso del mundo antiguo y más allá. Mucho tesoro había sido llevado a Roma, desde el botín de la guerra hasta los artefactos griegos (Grecia siempre había tenido un estatus especial y era muy admirada por los romanos). Sin una guerra importante para ocuparlos, la clase dirigente de Roma estaba ocupada ejerciendo poder e influencia internamente, mientras ganaba riqueza privada. La ambición y la corrupción definieron esos años, y la guerra civil amenazó con terminar todo lo que se había logrado durante los siglos anteriores. Los ricos se hicieron más ricos, los pobres se hicieron aún más pobres y las instituciones tradicionales estaban al borde de la destrucción. Las familias "nobles" controlaban todo el sistema político, los votos se compraban constantemente y se impedía a los plebeyos ingresar al Senado.

Los Mártires de la Justicia Social: Los Hermanos Graco

Dos hombres estaban decididos a terminar con la injusticia, y gracias a su origen patricio más alto, tenían los medios para combatirla. Eran los hermanos Tiberio y Gayo Sempronio Graco. El mayor, Tiberio, dedicó sus esfuerzos a reformar el mismo sistema que había hecho poderosas a sus familias, y utilizó todos los métodos disponibles para debilitar la aristocracia. Trajo una ley para confiscar muchas propiedades que la élite había ocupado ilegalmente y para distribuir tierras públicas a los desempleados, pero la ley no se pudo hacer cumplir. Ahora toda la élite senatorial estaba en contra de él, obstruyó sus esfuerzos y, finalmente, lo mataron y lo arrojaron al río Tíber.

El hermano menor de Tiberio, Gayo Sempronio Graco, sabía que debía esperar un destino similar, pero que, sin embargo, estaba decidido a redistribuir la tierra a los pequeños agricultores. Terminó solo (sus partidarios habían sido asesinados), y el Senado decidió que su muerte sería en el mejor interés de Roma. Entonces prometieron que quien trajese la cabeza de Gayo sería recompensado con su peso en oro. El afortunado ganador que encontró su cuerpo (Gayo se suicidó mientras tanto), primero sacó el cerebro y lo llenó con plomo fundido, para que recibiera más oro.

Mario El Hombre Nuevo y Sila

Durante la última década del siglo II a.C., el ejército romano necesitaba un serio descanso. La llamada Guerra Jugurta duró un par de años. Roma tenía un ejército más poderoso, pero el rey de Numidia, Yugurta, se aprovechó de la corrupción y la ineptitud de los generales romanos. Entonces un *nuevo hombre* (novus homo) surgió en Roma. Mario se convirtió en cónsul gracias a sus habilidades, no a su linaje. Venció a Yugurta rápidamente, logró lidiar con las tribus alemanas que se estaban mudando al territorio romano y reformó el ejército.

La reforma militar de Mario tuvo profundas consecuencias. Estableció una infantería profesional, que consistía en hombres que antes no tenían nada. Les prometieron una granja al final de su servicio, y debido a eso, fueron leales a su general, no al Senado. A partir de ese momento, Roma tenía ejércitos privados al servicio de hombres lo suficientemente ricos como para mantenerlos.

El rival de mucho tiempo de Mario, el general Lucio Cornelio Sila, aprovechó el nuevo sistema. Cuando el Senado le pidió que entregara el mando sobre el ejército que había estado dirigiendo, se negó, y sus soldados permanecieron leales a él personalmente. El ejército marchó sobre Roma, y la guerra personal entre Sila y Mario caracterizó los próximos años.

El Triunvirato: Pompeyo, Craso y César

Una nueva generación de poderosos generales surgió después de la muerte de Sila. Tres hombres, Cneo Pompeyo (más tarde conocido simplemente como Pompeyo), Marco Licinio Craso y Cayo Julio César, lideraron sus ejércitos personales y compitieron por el poder. A veces cooperaban, dependiendo de las circunstancias. Al final, todos ellos fueron brutalmente asesinados.

Pompeyo y Craso no podían soportarse, pero tenían que trabajar juntos para evitar que el Senado les quitara los ejércitos. En el 70 a.C., se convirtieron en cónsules conjuntos, pero la élite obstruyó sus numerosos planes y peticiones hasta que otro hombre se unió a ellos en el 60 a.C. El tercer hombre fue Julio César, y en ese momento era el gobernador de la otra España (actual Portugal). Los tres generales establecieron el Primer Triunvirato (el gobierno de tres "triunviros"). Al año siguiente, César fue elegido cónsul, organizó las cosas en Roma y fue a la Galia, donde se le permitió tener un ejército. Dirigió bien a ese ejército y conquistó todo, desde Roma hasta las costas del Atlántico y el Mar del Norte.

Mientras César permanecía en movimiento, tratando de establecerse como un verdadero líder romano, Roma permaneció bajo el control del tribuno Publio Clodio Pulcro. Estaba profundamente corrompido y usó los fondos de César para pagar a pandillas de hooligans para hacer lo que se les decía. Las acciones de Pulcro incluían la expulsión de Cicerón de Roma, el encarcelamiento de Pompeyo en su propia casa y la seducción de la esposa de César. Pompeyo fue lo suficientemente influyente como para contraatacar y aumentar su autoridad en Roma, lo que más tarde lo pondría en desacuerdo con César.

Cicerón contra Catilina

Lucio Sergio Catilina (o Catilina) era un noble furioso y en bancarrota que, según informes, había planeado liquidar a los funcionarios electos de Roma, incendiar el Senado y cancelar las deudas de ricos y pobres por igual. Todos aquellos de renombre en Roma habían elegido sus lados y actuaron detrás de escena. El hombre que confrontó abiertamente a Catilina fue el famoso orador, político y filósofo Cicerón. Utilizó su arte verbal para afirmar que había expuesto el horrible plan de Catilina y había salvado al estado.

Aunque Catilina era un patricio y Cicerón un *nuevo hombre*, la élite apoyó a este último, que se convirtió en cónsul en 62. Al año siguiente, los dos hombres fueron candidatos nuevamente. Cicerón afirmó que tenía motivos para tener miedo por su vida, pronunció una serie de discursos contra su oponente y lo expulsó de la ciudad.

Catilina y sus partidarios se reunieron en la frontera de Roma. Mientras tanto, Cicerón expuso a los que todavía estaban dentro de la ciudad y los hizo matar sin un juicio adecuado, una decisión que dañó gravemente su carrera política. Solo unos años más tarde, terminó desterrado de Roma. Su exilio fue temporal, pero nunca logró restaurar su estatus anterior.

Capítulo 5: Cayo Julio César, Cruzando el Rubicón y la Muerte que Sacudió la Ciudad

Diez años después de la formación del Primer Triunvirato, el clima político cambió en Roma, Craso había muerto y la cálida amistad entre César y Pompeyo había desaparecido. El cónsul encargado en el 50 a.C., Gayo Marcelo, exigió la retirada de César de la Galia. Esto significaba que César tendría que renunciar al mando de su ejército. Estuvo de acuerdo, pero con una condición: Pompeyo tendría que entregar su orden primero.

Julio César se convirtió en un enemigo público. El Senado le dio a Pompeyo el Senatus Consultum Ultimum («Decreto último del Senado») y el poder de arrestar a César y deshacerse de él de una vez por todas. Sus perspectivas eran escasas; podía rendirse o quedarse allí y luchar contra el ejército de Pompeyo, que era casi tan poderoso como el suyo. Nada de eso era una opción para César. En el 49 a.C., dirigió su ejército contra la propia Roma. Cruzó el río Rubicón y se fue a Italia. Esto podría ser percibido como una guerra contra la República, pero no había vuelta atrás. *Iacta alea est.*

La entrada de César a Roma fue gloriosa. Sus tropas abrumaron fácilmente a las de Pompeyo, y se apoderó de su ciudad. Los senadores estaban aterrorizados, pero César no quería vengarse. Sus tropas fueron altamente disciplinadas. Nada se arruinó y, después de la breve escaramuza, nadie fue asesinado. Los oponentes de César se salvaron. El gran líder ya era popular, pero esta nueva generosidad hizo que su reputación fuera aún mejor. César no fue benévolo solo con los senadores. También canceló las deudas, llevó a los italianos al Senado y permitió que los hombres que habían sido exiliados por Sila y Pompeyo regresaran a Roma. Incluso los soldados de Pompeyo que permanecieron en Roma fueron bienvenidos a servir al César. Durante la noche, Julio César se convirtió en un héroe público.

César y Cleopatra

Pompeyo, ahora el mayor adversario de César, huyó a Grecia la misma noche en que César conquistó Roma. Con el objetivo de retomar Italia, empleó a soldados romanos de las guarniciones fronterizas y reunió un gran ejército en Grecia. Sus tropas superaron en número a las de César, pero no fue suficiente. Después de varios enfrentamientos entre los dos ejércitos, César finalmente venció a Pompeyo en la batalla de Farsalia en el año 48 a.C. Pompeyo escapó a Egipto, donde el Faraón Ptolomeo XIII lo hizo matar, esperando que el César lo recompensara.

Ptolomeo XIII necesitaba desesperadamente el apoyo de César. Había estado luchando por el poder contra su hermana y esposa (a los Ptolomeos de Egipto les encantaba mantenerlo en la familia), Cleopatra VII. Ptolomeo, como hombre, era el gobernante legítimo, pero era cruel y ampliamente odiado. Cleopatra, por otro lado, era popular, pero fue expulsada del país. En el 48 a.C., ella reunió un ejército y vino de Siria a la frontera de Egipto. Esta era la situación cuando llegó César.

A pesar de que eran rivales, Julio César se sorprendió por la forma en que fue asesinado Pompeyo. Marchó furiosamente hacia

Alejandría y tomó el control del palacio. Luego ordenó que tanto Ptolomeo como Cleopatra descargaran sus tropas y se encontraran con él. Cleopatra llegó un poco temprano, la noche antes de la cita, escondida dentro de una alfombra oriental traída como regalo al César. Le encantó el presente y entonces comenzó uno de los romances más famosos de la historia antigua. César y Cleopatra se convirtieron en amantes, y permanecerían juntos hasta la muerte de César. Un par de años después, la pareja tuvo un hijo llamado Ptolomeo César, o simplemente Cesarión.

El Querido Dictador

César decidió regresar a Roma en el 47 a.C., justo después del episodio romántico. En el camino de vuelta, aplastó a todos los oponentes restantes. El último ejército que aún era leal a la memoria de Pompeyo fue derrotado en el 46 a.C., en la batalla de Tapso.

El Senado declaró a Julio César dictador por diez años. Ahora era el gobernante absoluto del mundo romano, y estaba decidido a ser un excelente líder. Era su tarea reparar el daño que se había hecho durante los años anteriores. Necesitaba restaurar la República, hacer que las instituciones funcionaran correctamente, liquidar a los veteranos militares y restablecer la ley y el orden.

César fue un visionario que dio pasos concretos para devolver la estabilidad en el mundo romano. Las reformas fueron exhaustivas y resolvió algunos problemas sociales que de otro modo hubieran acabado en disturbios. Él, por ejemplo, salvaría a los partidarios de Pompeyo si estaban dispuestos a cambiar de bando. Los desempleados que dependían del subsidio de maíz gratuito fueron trasladados a colonias, donde podían trabajar y mantener a sus familias. Los veteranos del ejército de César recibieron tierras en las colonias existentes y nuevas. A toda la gente del imperio se le otorgó la ciudadanía romana y el derecho a ingresar al Senado. Los impuestos se reducían siempre que era posible. La estabilidad volvió al mundo romano.

La gente admiraba a su líder justo y capaz, pero el Senado estaba decepcionado. En lugar de operar dentro del sistema republicano, César mantuvo su ejército y tenía más poder del que nadie esperaba. Además, ejerció su poder sin restricciones. Primero, se nombró a sí mismo cónsul varios años seguidos, y luego asumió los poderes de un tribuno. En lugar de restaurar el sistema republicano, lo estaba socavando. Los hombres de César llenaron el Senado. Su palabra era la ley. Estatuas de sí mismo se levantaron junto a las de dioses y reyes. Su busto estaba en las monedas. Además de eso, en el 44 a.C., César se había declarado Dictador Perpetuo (Dictador de por vida). Se sintió tan invencible que despidió a su guardaespaldas. César actuó como un rey y se preparaba para convertirse en uno cumpliendo una profecía y derrotando a Partia. El inicio de la campaña estaba programado para el 18 de marzo de 44 a.C.

La Muerte de César

Los silenciosos oponentes de César se enfurecieron por sus acciones, y sabían que tenían que hacer algo rápidamente. Un grupo de conspiradores vio una oportunidad y César fue apuñalado en una reunión del Senado en los Idus de marzo. El desafortunado dictador había esperado un asalto, pero la muerte vino de manos de hombres en quienes confiaba, Bruto y Casio. Bruto era su hijo adoptivo y, como tal, no tenía ningún interés material en matar a César. Los motivos de los conspiradores eran de otro tipo. Los jóvenes fueron engañados. Se llamaron a sí mismos los Libertadores de la República y esperaban ser celebrados por liberar a Roma del tirano. Sin embargo, estaban equivocados. En lugar de animar a las multitudes, encontraron un foro vacío. Los senadores no estaban a la vista. El público no estaba del lado de los conspiradores, y se dieron cuenta de que debían abandonar la ciudad inmediatamente.

Los conspiradores contra Julio César no tenían idea de que esto era solo el comienzo de uno de los períodos más emocionantes de la historia romana, y no tenía nada que ver con ellos. Bruto y Casio asesinaron a un líder autocrático, pero el proceso de transformación de la República hacia el Imperio ya había comenzado, y era imparable.

Capítulo 6 - El Ascenso del Primer Emperador Romano

El asesinato de Julio César provocó una tensión en Roma que casi resultó en un caos. Las masas querían venganza, y alguien necesitaba calmarlas. Ese alguien era el amigo y compañero leal de César, Marco Antonio (Marco Antonio). Antonio fue tribuno en el 49 a.C., y defendió los intereses de César cuando el Senado quería que liberara a su ejército. También era un experto comandante de guerra, y lideró partes del ejército de César en muchas ocasiones. En el momento de la muerte de César, Antonio era su compañero cónsul, y ahora él era el encargado.

Antonio organizó un funeral público para el dictador fallecido. La gente inundó las calles con furia y quemó las casas de los conspiradores. Si todavía estuvieran en Roma, no sobrevivirían esa noche. Pero ya estaban lejos. El hombre que los ayudó a escapar con vida fue, nuevamente, Marco Antonio. Aunque sabía muy bien que muchos de los inspiradores de la conspiración, incluido Cicerón, también lo querían muerto, Antonio actuó de manera pragmática e impidió que la delicada situación se convirtiera en una catástrofe. Tratando de mantener a todos felices, incluso le dio a Bruto y Casio algunas tierras en nuevas y distantes provincias en el Oriente romano.

Por un breve momento, parecía que Antonio sucedería al César rápidamente, pero el Senado estaba en contra de la idea. Por otra parte, César ya había expresado su voluntad y nombrado un heredero. No fue Antonio.

El Segundo Triunvirato

El hombre a quien César nombró su heredero era su sobrino, Cayo Octavio Turino.[xiv] Octavio estaba asistiendo a entrenamiento militar en el norte de Grecia cuando escuchó la noticia. Luego cambió rápidamente su nombre a Cayo Julio César Octavio (el cambio no fue definitivo, ya que aún no se había convertido en Augusto) y regresó a Roma para reclamar su herencia.

Cayo Julio César Octavio, también conocido como Octavio y, más tarde, Augusto [xv]

Octavio se dio cuenta rápidamente de que Antonio estaba comprando su camino a la cima, usando tanto el tesoro privado de César como los fondos públicos. Los dos hombres se convirtieron instantáneamente en rivales. Seguro de que Octavio lo eliminaría,

Antonio ideó un plan que le permitió tomar el control del ejército. Se hizo gobernador de la Galia, donde estaba rodeado de tropas protectoras. Octavio también reunió un ejército, con la ayuda del Senado, y fue tras él. Pero no fue tan simple. Bruto y Casio querían regresar a Roma, y el Senado los apoyó en silencio, pero con eficiencia. Antonio quería atacar a Bruto, y Octavio no quería defender a los asesinos de César. El Senado se dio cuenta de que Octavio no estaba interesado en servir sus intereses y lo obstruyeron reteniendo el dinero que necesitaba para las tropas.

Octavio regresó a Roma con sus legiones, se hizo cónsul y condenó a todos los conspiradores contra César. Entonces él y un hombre leal llamado Marco Lépido se encontraron con Antonio. La situación era políticamente compleja, y al igual que César y Pompeyo en la generación anterior, Octavio y Antonio comenzaron a cooperar contra un enemigo mutuo: los "libertadores" y el Senado. El 27 de noviembre del año 43 a.C., Octavio, Antonio y Lépido siguieron adelante y formaron el Segundo Triunvirato, con el objetivo público de restaurar la República y tratar con cualquiera que tuviera alguna conexión con el asesinato de César. Más de dos mil hombres influyentes y trescientos senadores, incluido Cicerón, fueron asesinados. Incluso más personas fueron desterradas. El resto del Senado tenía menos poder que nunca, ya que el "triunviri" (los tres gobernantes o triunviros) lo controlaba todo. Ya no necesitaban el permiso del Senado para mantener un ejército o ir a la guerra. Se acabó la resistencia política. Los triunviros gobernaban Italia, y cada uno de ellos tenía control sobre algunas provincias: Octavio sobre África, Antonio sobre la Galia y Lépido sobre España. Lepidus quedó a cargo en Italia durante las campañas militares, como la que lideraron Antonio y Octavio en el 42 a.C. cuando derrotaron a los "libertadores" en la batalla de Filipos.

El Triunvirato era ahora invencible desde el exterior. La única fuerza que pudo acabar con esta forma de gobierno fue uno de los triunviros, y su rivalidad.

Después de la victoria en Filipos, Antonio fue al este para luchar contra algunos enemigos y expandir el imperio. Octavio se quedó en Roma y disminuyó la influencia de Lépido. Luego dio algunos pasos serios hacia la autocracia. Octavio confiscó grandes propiedades a muchos terratenientes influyentes y se las dio a sus soldados que se retiraban. Los desposeídos, liderados por la esposa de Antonio, Fulvia y Lucio Antonio (el hermano de Antonio), protestaron y comenzó otra guerra civil. Antonio vino a arreglar las cosas en el 40 a. C., hizo un trato con Octavio, se casó con su hermana Octavia (Fulvia había muerto mientras tanto) y regresó rápidamente al este. Había conquistado algo valioso allí, y necesitaba regresar y cuidarlo. Fue el cariño de la reina egipcia Cleopatra.

La misión oriental de Antonio

Antonio planeó continuar donde César se había detenido: invadir Partia y reconquistar Siria y Asia Menor. Pero había algunos problemas sin resolver con los que tenía que lidiar primero. Antonio había oído que Cleopatra, la reina de Egipto y amante de César, estaba financiando a Casio, probablemente para mantener cierta influencia sobre la situación política en Roma. Fue a interrogarla, pero fue capturado por su legendario atractivo irresistible. Se conocieron en el 42 a.C., y ya vivían juntos cuando, en el 40 a.C., Antonio tuvo que regresar a Roma.

En Roma, Antonio y Octavio dividen el imperio entre ellos. Roma, Italia y todos los territorios al oeste del mar Jónico estaban bajo el control de Octavio. Antonio gobernó las provincias orientales. Lépido estaba a cargo en África, pero ya no era igual que los dos poderosos gobernantes del mundo romano. Tan pronto como todo estuvo listo, en el 37 a.C., Antonio regresó a Egipto.

Ignorando completamente el hecho de que estaba formalmente casado con la hermana de Octavio, se casó con Cleopatra. La pareja tuvo tres hijos, a los que Antonio dio increíbles títulos reales y poder sobre provincias estratégicamente importantes como Siria y Armenia.

Octavio Tiene la Última Palabra

Octavio creía que el comportamiento de Antonio era escandaloso. La última gota fue cuando Octavia, la hermana de Octavio, que todavía era la esposa legal de Antonio, fue a ver a su esposo a Atenas. Fue tratada con la mayor falta de respeto y, al regresar a Roma, fue expulsada de la casa de Antonio. Octavio decidió que había sido suficiente; trataría con Antonio y Cleopatra y tomaría el control de todo el imperio.

En el 31 a.C., Octavio ganó la batalla de Accio contra los debilitados ejércitos de Antonio y Cleopatra. La pareja huyó del campo de batalla y, como resultado, Antonio perdió toda credibilidad ante los ojos de sus hombres. Durante ese año y el año siguiente, muchas tropas y reyes cambiaron de bando, dejando a Antonio solo. En el 30 a.C., Octavio conquistó Alejandría y se hizo cargo del palacio de Cleopatra.

La historia de Antonio y Cleopatra terminó teatralmente. Cleopatra se encerró en su tumba y sus sirvientes anunciaron su muerte. Antonio descubrió que ella estaba viva solo después de que él se hubiera apuñalado. Herido de muerte, fue llevado a Cleopatra y murió en sus brazos. La reina y sus hijos terminaron en prisión, pero ella se suicidó con la ayuda de una serpiente. El hijo que tuvo con César fue asesinado de inmediato, por lo que nunca tuvo la oportunidad de reclamar ser el heredero de Julio César.

Egipto se había convertido en parte del Imperio romano de Octavio. Una era había terminado y otra comenzaba, con Octavio como el gobernante de la mayor parte del mundo conocido.

Capítulo 7 - Principios Del Imperio Romano: Princeps Augustus y Dinastía Julio-Claudia

En el 27 a.C., Octavio fue proclamado *Imperator Caesar Divi Filius Augustus*, que literalmente significa "emperador, hijo del dios César (César fue deificado varios años antes), el santo/venerado/noble (Augusto)." Octavio cambió su nombre, y desde ese momento, solo se le conocía como Augusto. Además, ahora era el sumo sacerdote (*Pontifex Maximus*) de la religión tradicional romana. En monedas y estatuas, a menudo se lo representaba como un guerrero heroico de origen semi-divino. Sin embargo, oficialmente, él era solo un *princeps*, primero entre los ciudadanos, y no un monarca. Fue el comienzo del Imperio o *Principado* de Augusto, un nuevo período en la historia romana que duraría hasta finales del siglo III d.C.

La Edad de Augusto

A pesar de que Augusto era efectivamente el único gobernante del imperio, tenía mucho cuidado de mantener la ilusión del sistema republicano. El Senado seguía siendo importante, pero solo formalmente, para dar legitimidad a las decisiones de Augusto.

La edad de Augusto se conoce comúnmente como la edad de oro en la historia romana. Era el momento de la paz, la prosperidad, la estabilidad social y el renacimiento cultural. La gente estaba feliz porque "al soldado él seducía con regalos, a la gente con maíz, y a todos por igual con los encantos de la paz y la tranquilidad"[xvi]. Por primera vez, un ejército permanente estaba protegiendo las fronteras del imperio. Roma prosperó. Augusto inició una reconstrucción completa de la ciudad, y le dio una gloria sin precedentes.

Por encima de todo, Augusto prestó especial atención a su propia imagen. Finalizó la construcción del Templo de Venus Genetrix, que había comenzado bajo el César. La diosa del amor fue identificada como la antepasada divina de César y Augusto. Los dos hombres pertenecían a la familia de la gens Julia, que se creía que se originó en Eneas y su hijo Ascanio (también conocido como Iulus).

Al igual que César, Augusto era muy consciente del poder de la palabra escrita, y quería asegurarse un lugar especial en la historia. Mientras el propio César escribió, dejando detalladas sus acciones y explicaciones persuasivas de sus decisiones, Augusto contrató profesionales para realizar esta tarea. Junto con su rico amigo Gayo Mecenas, identificó a los poetas e historiadores más destacados de su tiempo y se aseguró de que no les faltara nada, siempre y cuando trabajaran en su proyecto histórico. Casi todos los clásicos de la literatura romana se crearon en esta marea cultural, pero el lugar especial pertenece a la *Eneida* de Virgilio, que glorificó el origen divino de Augusto de manera más efectiva que cualquier templo.

La vida privada de Augusto estaba fuertemente mezclada con su aparición pública, y los miembros de su familia tenían que cumplir con su sentido del deber. Su primera esposa se llamaba Escribonia, y con ella tuvo su único descendiente, su hija Julia. El matrimonio tenía una importancia estratégica para él. Se divorció de Escribonia (la razón era que simplemente no podía llevarse bien con ella) y se casó con Livia. Livia también tuvo que divorciarse primero. Era la esposa de uno de los oponentes políticos más poderosos de Augusto: Tiberio Claudio Nerón. No solo se casó con ella, sino que también adoptó a sus hijos y los crio como príncipes con un fuerte sentido del deber hacia el imperio de Augusto.

Julia también se casó varias veces, cumpliendo con los deseos de su padre. Primero tuvo que casarse con Marco Vipsanio Agripa, el amigo íntimo de Augusto y el genio militar que permitió la mayoría de los logros militares del emperador (incluso durante el tiempo en que solo era Octavio, uno de los tres triunviros). Agripa era terriblemente poderoso, pero totalmente leal a su amigo y suegro. Augusto esperaba que este buen soldado y hombre virtuoso lo sucediera en el trono y fuera seguido por los hijos que tuvo con Julia. De esa manera, Augusto establecería una dinastía y todos los futuros emperadores serían de su sangre. Sin embargo, las cosas no salieron como él imaginó. Agripa murió, y después de un tiempo, sus hijos y los de Julia también murieron. Augusto necesitaba hacer un compromiso y hacer a sus hijos adoptados, Druso y Tiberio, sus herederos. Los dos hombres pertenecían a la familia aristocrática romana de Claudii. Augusto pertenecía a La Gens Julia (Julii), y la dinastía que él estableció se conoce como Julio-Claudia.

Cuando incluso Druso (que fue considerado seriamente como el potencial heredero de Augusto) murió de una caída de un caballo después de una campaña exitosa, el emperador pensó en elegir al hijo de Druso, Germánico. Era otro "Claudii", pero su madre era hija de la hermana del emperador Octavio y Marco Antonio. Además, Germánico era el mejor general de su tiempo, un hombre virtuoso. Ya era inmensamente popular y sería un emperador exitoso. Pero luego se hizo otro arreglo, un poco más complicado. Augusto sería sucedido por Tiberio, quien, a su vez, adoptaría a su sobrino Germánico y lo convertiría en su propio heredero. El hombre que menos se alegró con este arreglo fue, sorprendentemente, Tiberio.

La Vida y El Reino de Tiberio

No era fácil ser el hijo de Augusto, ni siquiera uno adoptado. Su vida privada fue considerada un asunto público. Augusto escogió a su esposa. Fue nombrada Vipsania Agripina y fue hija de la difunta amiga del emperador, Agripa. Después de ocho años, cuando murió Agripa y la hija de Augusto, Julia, quedó viuda, el emperador ordenó a Tiberio que se divorciara de su esposa y se casara con Julia. Esto puede haber parecido simple para Augusto, pero Tiberio realmente amaba a Vipsania. La pareja vivió en armonía amorosa durante años, y Vipsania estaba embarazada del segundo hijo en ese momento.[xvii] El niño no sobrevivió. El matrimonio de Tiberio y Julia estaba lleno de asuntos escandalosos. Julia era tan promiscua que Augusto finalmente la desterró de Roma. En cuanto a Tiberio, nunca superó el divorcio y nunca dejó de amar a su primera esposa.

Cuando Augusto murió, Tiberio le sucedió rápidamente. Como emperador de Roma, era muy competente. Roma era segura, las ciudades fueron reconstruidas y la economía floreció. Pero Tiberio era un hombre sombrío, y finalmente perdió todo interés en gobernar el imperio. Se retiró y, desafortunadamente, delegó el poder al hombre más deshonesto, el prefecto de la Guardia Pretoriana llamado Sejano. Sejano usó su influencia para deshacerse de los herederos de Tiberio: su hijo Druso y el hijo adoptivo Germánico. Cuando Tiberio se enteró de estos asesinatos, los vengó espectacularmente. Tal vez debido a esto, Tiberio se volvió paranoico en sus últimos años. Mataron a muchas personas, muchas de ellas totalmente inocentes, porque podrían haber sido traidores. Incluso dos de los hijos de Germánico fueron víctimas de la paranoia del emperador. Uno de sus objetivos fue un hombre llamado Cayo Asinio Galo, cuyo mayor defecto fue que se casó con Vipsania Agripina y tuvo muchos hijos con ella. Tiberio controló sus celos mientras Vipsania estaba viva, pero cuando ella murió, el emperador rápidamente convirtió al desafortunado en un enemigo público y lo dejó morir en la cárcel.

Tiberio tuvo una muerte desagradable, y a nadie le importó. Fue envenenado y luego estrangulado en la cama. El hombre que organizó el asesinato fue el tercer hijo de Germánico, Calígula.

Calígula

Calígula fue popular al principio, gracias a la gloria de su padre y porque revocó algunas de las decisiones de Tiberio. Permitió que las personas que habían sido expulsadas de Roma volvieran a casa y restauraran los entretenimientos públicos (eran costosos y Tiberio era comedido, por lo que los había cancelado).

Durante el primer año de su reinado, Calígula terminó muchos trabajos de construcción pública y redujo los impuestos. Parecía competente, mientras que de hecho solo estaba gastando los fondos que Tiberio dejó en la tesorería. Gastó todo en menos de un año, y luego surgieron los problemas. Calígula se volvió implacable y mataron a muchas personas, incluidos numerosos senadores y también a su propia madre y su abuela. Se declaró un dios y disfrutó de relaciones incestuosas con sus tres hermanas, Agripina, Drusila y Julia.

Calígula despreciaba a la gente común de Roma, y la gente no podía soportarlo. Eventualmente, la multitud lo asesinó durante una actuación pública.

Calígula nunca nombró heredero y mató a todos los potenciales. Por un breve momento, el Senado esperaba que no hubiera más emperadores y que la República pudiera ser restaurada. La Guardia Pretoriana, sin embargo, tenía diferentes planes.

Claudio

Calígula mató a casi todos sus parientes masculinos durante su reinado. Sin embargo, de alguna manera evitó a su tío Claudio, quien tenía muchas discapacidades físicas y era percibido como el idiota de la familia. A Claudio nunca se le permitió un cargo público, y mucho menos al ejército. Pero como fue el único que sobrevivió, ahora era el único heredero legítimo del trono. La Guardia Pretoriana lo encontró y lo aclamó.

Claudio había pasado 50 años escondido de los ojos del público. Pero a pesar de que no estaba presentable, tartamudeaba, babeaba y tenía una cojera, era extremadamente inteligente y bien educado. Gracias a su conocimiento de la historia, sabía que necesitaba recompensar generosamente a los pretorianos para mantenerlos leales. Terminó siendo un gobernante considerablemente exitoso, pero tenía una debilidad fatal: las mujeres en su vida.

Claudio se casó cuatro veces. Su cuarta esposa fue la hermana de Calígula, Agripina. Agripina solo estaba interesada en ayudar al trono a su hijo Lucio (recordado en la historia como Nerón). Ella estaba detrás de las conspiraciones que involucraban matar a todos los que se interponían en su camino, incluidos Claudio y su hijo, Británico. Si solo ella supiera lo que se avecinaba, tal vez hubiera pensado dos veces en instalar a su hijo menor de edad (todo esto sucedió antes del decimoséptimo cumpleaños de Nerón) en el trono del Imperio romano.

Nerón

Las fuentes antiguas ofrecen relatos contradictorios de la vida y el reinado de Nerón. Algunas fuentes describen a este emperador como un egomaníaco loco a quien la gente de Roma odiaba tanto que celebraron cuando lo mataron.[xviii] Otros historiadores dicen que Nerón era generoso y popular, pero tenía muchos enemigos dentro del Senado y la élite.[xix]

Nerón fue el emperador más joven de la dinastía Julio-Claudia y el último. Si bien su madre tenía mayores ambiciones, Nerón se preocupaba por las artes, los deportes y su propia popularidad. Al comienzo de su reinado, el sistema que se había establecido bajo Claudio funcionó bien. Había suficientes fondos en la tesorería para que Nerón levantara algunos edificios públicos y distribuyera ayuda a los pobres, pero el emperador menor de edad no entendió la medida y comenzó a gastar de más. Finalmente, necesitaba aumentar los impuestos, lo que inició una serie de rebeliones en todo el imperio, y no era capaz de lidiar con la difícil situación.

Nerón, Antiquarium del Palatino.[xx]

Su madre tampoco fue de mucha ayuda. En lugar de ocuparse de los deberes desagradables de tratar con la población infeliz, ella estaba tratando de microgestionar la vida privada de Nerón. Agripina estaba en buenos términos con la esposa de Nerón, Octavia, y ambas intentaban deshacerse de su amante llamada Popea. Algunos historiadores incluso afirmaron que Agripina había planeado matar a su hijo para evitar la mala publicidad, pero al final, fue asesinada, junto con su nuera Octavia.

La anécdota más memorable sobre Nerón fue sobre el Gran Incendio de Roma, que ocurrió en el año 64 d.C. El daño fue enorme, ya que muchos edificios públicos e innumerables casas de personas fueron incendiadas. Los contemporáneos culparon al emperador por prender el fuego, y él culpó y persiguió a los cristianos. El hecho es que necesitaba tal incidente, y estaba tan feliz por eso que bailaba y cantaba.[xxi] Ahora tenía una oportunidad fantástica para mostrar generosidad, organizar trabajos de reparación, distribuir caridad y finalmente obtuvo un terreno de primera clase en el centro de Roma para sus proyectos de construcción.

Nerón mató a todos sus oponentes, incluso a aquellos que no habían presentado ninguna amenaza genuina, y se fue a Grecia. El emperador declaró la libertad de Grecia y se le permitió ganar los Juegos Olímpicos, a pesar de su mal desempeño y la caída de su carruaje. Luego actuó en el teatro y a ninguno de los espectadores se le permitió salir. Mientras tanto, se entregó una carga de grano a Grecia en lugar de Roma, causando una gran hambruna en la capital romana.

Todos estaban descontentos con el gobierno de Nerón; el ejército se amotinó y finalmente los pretorianos se unieron a ellos. El Senado declaró al emperador enemigo de Roma. Nerón se dio cuenta de que nada podía salvarlo, y se suicidó, de una manera un tanto complicada. Le ordenó a un sirviente que le enseñara con el ejemplo cómo suicidarse, y necesitó la ayuda de otro. Mientras moría, gritó: "¡Qué artista muere en mí!" ("¡Qualis artifex pereo!")[xxii]

Capítulo 8 - La Dinastía Flavia

Nerón no tuvo hijos y logró deshacerse de todos los que, literalmente, podrían ser considerados como herederos legítimos. Ahora que estaba muerto, no había nadie que lo sucediera. La falta de herederos dio lugar a la guerra civil. Durante el transcurso de un año, el año de los cuatro emperadores (68-69 d. C.), tres emperadores se levantaron y cayeron. El cuarto emergió, gobernó durante una década y tuvo dos hijos que lo siguieron en el trono. Su nombre era Vespasiano, y fue el fundador de la dinastía Flavia.

Vespasiano

Vespasiano no era de origen aristocrático. Sus padres eran jinetes (la clase de familias adineradas no patricias), y él y su hermano lograron ser promovidos al rango de senador. Vespasiano fue cónsul en el año 51 d.C. También fue el brillante comandante militar que dirigió el ejército durante la invasión romana de Gran Bretaña en el año 43 d.C., y la subyugación de Judea en el año 66 d.C. Vespasiano fue el gobernador de Judea hasta el año 69 d.C., cuando los gobernadores de otras provincias lo apoyaron y lo ayudaron a derrotar al actual emperador (un usurpador incompetente llamado Vitelio que llevó al imperio a la bancarrota). A finales de año, el Senado reconoció a Vespasiano como el emperador de Roma.

Este emperador era un trabajador duro, y no estaba obsesionado con la magnificencia. Introdujo muchas reformas necesarias, incluyendo un aumento de impuestos. La economía del imperio se recuperó, y el ejército fue genuinamente leal a él. Durante los diez años de su reinado, construyó muchos edificios públicos, incluido el Coliseo. Se le recuerda a una luz brillante, tal vez porque era, al igual que Augusto, muy consciente del poder de la palabra escrita. Financiaba y protegía a Suetonio y Tácito, los historiadores que literalmente crearon nuestros puntos de vista sobre el mundo romano. Sirvieron a sus intereses mientras él estaba vivo, y cuando murió, describieron el gobierno de su hijo Tito de manera igualmente favorable.

Tito

No es sorprendente que los historiadores contemporáneos describieran a Tito como un gobernante ideal. Su carrera militar comenzó en Judea, donde luchó contra los judíos rebeldes junto con su padre. Cuando Vespasiano fue a Roma y se convirtió en el emperador, Tito estuvo a cargo en Judea, donde finalmente venció cualquier resistencia y destruyó la ciudad de Jerusalén, incluido el Segundo Templo. El tesoro del templo sirvió a los Flavios para levantar espléndidos edificios en Roma. Suetonio y otros tenían más de una razón para celebrar a este hombre capaz, pero las fuentes judías lo describían como un perseguidor despiadado.

Vespasiano claramente favoreció a Tito contra su hermano menor, Domiciano. A Tito pronto se le dieron todas las funciones importantes en el imperio: era cónsul, junto con su padre, el prefecto de la Guardia Pretoriana y un tribuno. El público estaba preparado para la transición sin problemas y, cuando Vespasiano murió, Tito fue proclamado emperador de inmediato.

El reinado de Tito fue corto pero efectivo. Se deshizo de la red de espías llamadas *delatores*, que habían sido responsables de las teorías de conspiración y muchas muertes políticas en Roma durante generaciones. El emperador gobernó de manera competente y nunca había matado a un opositor político ni confiscado ninguna tierra.

Pero Tito llegó al poder en un momento muy malo para Roma. Después de solo un par de meses de reinado, el Monte Vesubio entró en erupción y convirtió las ciudades circundantes en tumbas. Pompeya y Herculano fueron enterradas con lava y piedra. En otras ciudades, la gente perdió todo lo que tenían. Para empeorar las cosas, a la catástrofe siguió otro gran incendio en Roma y, finalmente, una plaga. Tito ayudó generosamente a todas las víctimas y financió la búsqueda de una cura para la plaga. Pero de repente enfermó y murió, no de peste sino misteriosamente, y su hermano pudo haber tenido algo que ver con eso.

Domiciano

Domiciano no había sido incluido en la alta política del imperio y en su mayoría se mantuvo al margen. Sin embargo, ahora que Vespasiano y Tito (que solo gobernaron durante dos años y murieron muy jóvenes) estaban muertos, él era el único hombre que podía sucederlos.

Este gobernante era un autócrata que recortaba la influencia del Senado, creando hostilidad entre él y la aristocracia. Alejó a los historiadores que habían servido tan bien a su padre y a su hermano. Como reacción, lo detestaron y escribieron que era un autócrata despiadado y paranoico.

El hecho es que Domiciano gobernó durante 15 años y Roma fue próspera durante ese tiempo. El emperador se abstuvo de librar guerras costosas y, en cambio, se centró en el bienestar dentro del imperio. Siguiendo los pasos de Augusto, reforzó las defensas fronterizas y dirigió un gran programa de restauración. A diferencia de los senadores e historiadores, la gente de Roma probablemente lo amaba. El ejército lo admiró y se mantuvo leal a él. Sin embargo, este emperador fue rodeado por enemigos y terminó siendo asesinado por funcionarios de la corte. El Senado decidió eliminar su nombre e imagen de la historia oficial (*damnatio memoriae*). A lo largo del imperio, las estatuas y las inscripciones fueron rehechas o simplemente destruidas. La élite alivió su ira, pero este proyecto no se completó lo suficiente. Todavía sabemos acerca del emperador cuyo gobierno competente proporcionó un terreno firme para otro siglo de paz y prosperidad.[xxiii]

Capítulo 9 - La Dinastía Antonina

La dinastía que surgió después de la muerte de Domiciano fue bastante inusual. Con la excepción del primer y último emperador que perteneció a esta dinastía, todos fueron adoptados en lugar de ser herederos biológicos de su antecesor. Los cinco emperadores "adoptivos" son recordados como "los cinco buenos emperadores". Maquiavelo acuñó esa frase hace siglos. Elogió la sabiduría de aquellos que eligieron a sus herederos por su competencia y no por su sangre, supervisando levemente el hecho de que esos emperadores no tenían otra opción, ya que simplemente no tenían hijos biológicos.[xxiv]

Los Nerva-Antoninos gobernaron Roma durante la mayor parte del siglo II d.C., que estuvo marcado por la estabilidad general, en parte gracias al hecho de que sus predecesores, los Flavios, gobernaron de manera competente, y Domiciano había dejado un considerable excedente en la tesorería.

Nerva

Después de la muerte de Domiciano, el Senado estuvo una vez más tentado de restaurar la antigua constitución y no legitimar a otro emperador. Pero en algún punto del camino, la élite comenzó a disfrutar de los privilegios sin consecuencias. En tiempos de crisis, la gente culpaba a los emperadores, no a los senadores. Así que ahora que los Flavios eran historia, el Senado y la Guardia Pretoriana estaban buscando un tipo particular de individuo: competente y elegible, pero lo suficientemente dócil y sin herederos biológicos. Encontraron a Nerva, un funcionario público de larga data que fue elegido cónsul al menos dos veces en su carrera. Además, tenía 65 años y no tenía hijos que pudieran hacer uso de su condición de emperador.

Nerva era de hecho moderado, a pesar de que cierta determinación no lo habría lastimado. Perdió mucho dinero tratando de obtener apoyo de la población, pero el ejército nunca lo aceptó. Primero, no tenía integridad en sus ojos. Además, los pretorianos querían que ejecutara a los asesinos de Domiciano, para lo cual le faltaba fuerza. La situación se puso tensa y condujo a la anarquía.

El reinado de Nerva no iba a durar, y necesitaba nombrar un heredero de inmediato. Ni al Senado ni al ejército les importaba a quién le gustaría ver como su heredero. No dependía de él. La élite ya había elegido el siguiente. Nerva adoptó oficialmente al hombre y, poco después, murió de un derrame cerebral. El siguiente en el trono fue uno de los emperadores más importantes en la historia de Roma.

Trajano

Trajano era un comandante militar carismático del sur de España cuando, en el año 96 d.C., (el año de la muerte de Domiciano y el comienzo del reinado de Nerva), Nerva lo había designado para controlar la Magna Germania. Era una tarea extremadamente importante, y conllevaba una gran responsabilidad. En tales situaciones, la tradición requería un sacrificio. Trajano fue al templo de Júpiter para hacer una ofrenda, cuando sucedió algo inexplicable. Según una leyenda, cuando atravesó la multitud y abrió las puertas del templo, la multitud de voces gritó: "¡Imperator!"[xxv]

Emperador Trajano [xxvi]

Trajano no corrió a Roma cuando se enteró de su adopción. Quería asegurarse de que todo estuviera bajo su control, y primero tenía que ocuparse del ejército. Algunos de los pretorianos, aquellos que presentaron la oposición contra Nerva, podrían causarle problemas, por lo que los envió a misiones especiales para mantenerlos ocupados.

Cuando se difundió la noticia de que Nerva había muerto, Trajano tardó un año en aparecer en la capital. Decidió que era más importante ir a las fronteras primero porque allí estaba el ejército. Oficialmente, revisó los límites para asegurarse de que estuvieran a salvo de los enemigos externos, como los dacianos. La verdad es que necesitaba establecer buenas relaciones con las tropas que eran leales a la memoria de Domiciano y nunca aceptaron a Nerva.

Finalmente, en el verano del 99 d.C., Trajano entró sin pretensiones en Roma. Llegó a pie y se unió a la gente que lo esperaba. Todos en Roma ya admiraban a Trajano y ahora su postura lo hizo aún más popular. Su relación con el Senado fue excelente. Sin embargo, fue él quien presionó todos los disparadores. Trajano era un hombre de integridad y decisión, y muchos lo describieron como un gobernante ideal (*optimus princeps*).[xxvii]

Había dos cosas principales en la forma en que Trajano dirigió a Roma que contribuyeron a una reputación tan brillante. Primero, se preocupó genuinamente por la prosperidad pública, ayudó a los pobres y levantó o restauró innumerables edificios, puentes, acueductos y baños públicos. Muchos prisioneros y exiliados fueron rehabilitados, y todos fueron animados a ser útiles. Todo funcionó perfectamente, y eso no fue todo.

La segunda cosa importante que hizo que este emperador se elevara por encima de los demás fueron sus conquistas militares. Primero, se las arregló para lidiar con los dacios (que eran bastante poderosos en ese momento y creaban muchos problemas) y los partos (el enemigo del este con el que César quería luchar justo antes de su muerte[xxviii]) para siempre. Luego, Trajano logró expandir el imperio más que nadie en la historia romana, desde Escocia hasta el mar Caspio.

Los últimos días de su vida, Trajano se pasó lidiando con rebeliones en las fronteras este y norte. En algún punto intermedio, cayó enfermo y murió. Las fuentes históricas antiguas están llenas de chismes, y algunos de ellos indican que Trajano era homosexual y que su esposa Pompeya Plotina y uno de sus amantes putativos llamado Adriano habían envenenado al emperador.[xxix] Sabemos con seguridad que Trajano hizo de Adriano su heredero en su lecho de muerte, y sin ningún documento escrito. Los únicos testigos de su voluntad fueron su esposa y el prefecto pretoriano Atiano, a quien las fuentes mencionadas comentan que era amante de Plotina. Sea como fuere, el emperador estaba muerto y el siguiente estaba listo para tomar el trono.

Adriano

Para evitar otra guerra civil, el Senado y los militares se abstuvieron de disputar la legitimidad de la adopción. Aún así, muchos senadores fueron ejecutados sin juicio. El hombre responsable de todos esos asesinatos fue el prefecto Atiano, el mismo hombre que quizás envenenó a Trajano. Atiano era realmente poderoso, y creía que dirigiría el gobierno de Adriano, pero el emperador lo reemplazó tan pronto como se dio cuenta de lo que estaba sucediendo. Luego, Adriano le prometió al Senado que nunca más se ejecutaría a alguien en base a reclamos no respaldados.

Adriano comenzó su reinado lidiando con rebeliones en las fronteras romanas, que estaban tan extendidas que se volvieron difíciles de defender. La expansión excesiva del territorio romano bajo Trajano solo había traído problemas, y Adriano decidió ir en la dirección opuesta. Al igual que Augusto, le importaba la estabilidad dentro de las fronteras existentes, por lo que detuvo una mayor expansión e incluso abandonó Armenia y Mesopotamia. Adriano reorganizó las defensas, introdujo una estricta disciplina militar y construyó el famoso Muro de Adriano en Gran Bretaña "para separar a los romanos de los bárbaros."xxx

La gente en las provincias amaba a este emperador porque no solo les daba mucha autonomía, sino que también construía y restauraba muchos edificios en ciudades de todo el imperio. Los griegos estaban felices por sus esfuerzos, pero la gente de Judea no lo estaba. No querían ser asimilados al mundo grecorromano, así que cuando los romanos trataron de construir un templo de Júpiter sobre las ruinas de un antiguo templo en Jerusalén, los judíos levantaron la revuelta de Bar Kokhba. Muchos murieron en ambos lados. El ejército de Adriano finalmente aplastó a la oposición y las consecuencias fueron terribles para los judíos. Este fue el momento en la historia cuando perdieron sus tierras. Adriano cambió el nombre de la provincia de Judea a Palestina (el antiguo nombre de la tierra de los filisteos, la gente que desapareció de la historia siglos antes) y la combinó con Siria. La nueva provincia fue nombrada Siria Palestina, Jerusalén se convirtió en Aelia Capitolina y la gente fue puesta en esclavitud.

Adriano era un Grecófilo, un amante de la cultura y las artes griegas, y de un joven griego en particular llamado Antínoo. Las fuentes contemporáneas revelan que el emperador estaba tan abrumado por la muerte prematura de su amante que lloró como una mujer.[xxxi] . Él, por supuesto, tenía una esposa, pero su matrimonio era infeliz. Adriano murió de insuficiencia cardíaca, y el título de emperador romano fue para su hijo adoptivo Antonino.

Antonino Pío

Antonino era la tercera opción de Adriano: el hombre que pretendía adoptar ya había muerto y el segundo, Marco Aurelio, era demasiado joven. Antonino estuvo allí para cerrar la brecha, gobernar un par de años y ser sucedido por Aurelio. Para sorpresa de todos, Antonino gobernó durante 23 años, y esos años fueron pacíficos y prósperos. Debido a su piedad y agradecimiento, fue recordado como Antonino Pío.

Antonino continuó con las políticas de Adriano, pero lo hizo de manera un poco diferente. Estuvo en Roma la mayor parte del tiempo, permitiendo que los líderes militares leales se ocuparan de los conflictos ocasionales en las fronteras. También liberó a varios hombres que habían sido encarcelados durante el reinado de su antecesor, y afirmó que Adriano los habría liberado si hubiera tenido la oportunidad.

El comedido emperador cuidaba mucho las finanzas públicas y podía costear sus numerosos proyectos de construcción, como los templos conmemorativos de su esposa Faustina y su benefactor Adriano y el impresionante Muro de Antonina en Escocia.

Marco Aurelio

Antonino Pío tuvo dos hijos y muchas hijas con Faustina, pero casi todas fallecieron antes que él. En términos de sucesión, no hizo ninguna diferencia. Sus sucesores fueron determinados más de dos décadas antes. Eran Marco Aurelio y Lucio Vero. Los dos hombres gobernaron conjuntamente hasta la muerte de Vero, cuando Aurelio declaró a su hijo Cómodo un co-emperador.

Aurelio fue considerado como el último de los cinco buenos emperadores por Maquiavelo. Mejor conocido como filósofo y uno de los ideólogos más importantes del estoicismo, así como el autor de *Meditaciones*, Aurelio personificó el ideal platónico del rey filósofo. Usó su poder sabiamente para ayudar a las personas en lugar de ayudarse a sí mismo.

No importaba cuánto apreciaba la vida en la contemplación, este emperador era un comandante de guerra competente que pasó muchos años en los campos de batalla, luchando contra las tribus bárbaras en la frontera del Danubio. Estaba a punto de derrotar a los partos cuando murió en Vindobona, en la actual Austria.

Cómodo

Marco Aurelio murió en el año 180 d.C., dejando a su hijo adolescente que gobernara solo. Fue un momento particularmente difícil en la historia. Año tras año, los enemigos en las fronteras se hacían más fuertes. El ejército romano estaba haciendo un gran esfuerzo para evitar una invasión. Además de eso, Cómodo era menor de edad e incompetente para gobernar el imperio.

El hijo de Marco Aurelio había recibido la mejor educación posible y se esperaba que gobernara sabiamente. Sin embargo, se convirtió en un ególatra sin sentido. Cómodo luchaba con gladiadores (por supuesto, a nadie se le permitía hacerle daño) y le encantaba que lo representaran como Hércules. Dejó que algunos oportunistas guiaran a Roma y la convirtieran en un caos. Los consulados fueron vendidos literalmente, las personas fueron asesinadas por razones ridículas, y la economía del imperio estaba en peligro. Al emperador no le importaba. Gobernar el estado era aburrido para él, y él quería hacerlo más divertido. Sus ideas creativas incluían cambiar el nombre del imperio a Commodiana, ejecutar a los cónsules y reemplazarlos con gladiadores. Providencialmente, el prefecto pretoriano lo descubrió y dispuso que el loco emperador fuera envenenado. La tarea fue difícil. La amante de Cómodo le ofreció una copa de vino envenenado, que él aceptó con entusiasmo. Pero ya estaba tan borracho que vomitó el vino. El envenenamiento no era tan buena idea después de todo, y los conspiradores tuvieron que seguir adelante con el plan B, que era estrangular al emperador. El entrenador personal de Cómodo lo hizo con éxito.

Muchos historiadores han marcado el período del reinado de Cómodo como el momento en que Roma dejó de ser una sociedad altamente organizada y una súper fuerza invencible y se convirtió en un reino "de hierro y óxido."[xxxii] Muchos relatos de la antigua Roma se detienen aquí, pero este continúa. El Imperio romano no cayó en el siglo II d.C. Duró cientos de años después del reinado de Cómodo y aún estaba por ver muchos momentos de gloria bajo algunos de sus gobernantes más visionarios, como Diocleciano y Constantino.

Capítulo 10 – Finales del Imperio

La dinastía Nerva-Antonina terminó con la muerte de Cómodo. Comenzó un período de gran incertidumbre, que duró todo un siglo. El trono de Roma estaba en manos de muchos usurpadores que llegaron al poder matando a sus predecesores. Todos ellos terminaron de la misma manera: asesinados por el siguiente emperador o la Guardia Pretoriana. La mayor parte del siglo III d.C., siguió siendo conocida como la crisis del tercer siglo o la crisis imperial. Las tropas romanas lucharon entre sí para instalar a sus generales en la cima del estado, mientras que las hordas bárbaras golpeaban las fronteras. Veintinueve emperadores se levantaron y cayeron en solo cinco décadas, empujando al imperio a una agitación mayor. Finalmente, un soldado convertido en emperador decidió poner fin a una mayor decadencia y permitir un período de estabilidad.

Diocleciano y la Tetrarquía

Como muchos otros antes que él, Diocleciano terminó en el trono gracias a sus tropas, matando al emperador anterior y aplastando a su ejército. A diferencia de sus antecesores, el poder no lo cegó.

Comprendió que un hombre no podía controlar de manera eficiente el Imperio romano en su totalidad, especialmente en circunstancias caóticas que caracterizaron el siglo III d.C. Así que lo dividió por la mitad.

Diocleciano estaba ahora a cargo de la parte oriental (principalmente griega) del imperio, y le dio a su amigo Maximiano el control sobre la parte occidental (latina). La administración trabajó tan eficientemente que el emperador tuvo la idea de dividir cada mitad del imperio y establecer la tetrarquía (la regla de cuatro). Diocleciano y Maximiano tenían los títulos de emperador romano (Augusto), mientras que los dos nuevos tetrarcas, llamados Galerio y Constancio Cloro ("el Pálido"), recibieron los títulos de emperadores menores (César).

Diocleciano introdujo varias reformas y puso orden en el ejército, la administración y el sistema tributario. También reconoció que el modelo de imperio agustiniano, que se basaba en las instituciones de la república, ya no funcionaba. El Principado terminó y el nuevo modelo, llamado Dominado, comenzó. El nuevo emperador iba vestido de oro, llevaba una corona y se presentaba como la encarnación de Júpiter en la Tierra. La religión romana (pagana) tradicional apoyaba esto, ya que los gobernantes habían sido deificados durante siglos. La población debía venerar a Diocleciano como la encarnación de Júpiter en la Tierra y hacerle sacrificios ceremoniales.

Sus súbditos paganos con mucho gusto siguieron las nuevas reglas. Después de todo, este fue el emperador que restauró la estabilidad después de un siglo de terribles condiciones. Pero para este punto, había un número significativo de cristianos en el imperio, y para Diocleciano significaban problemas. Aunque eran ciudadanos modelo que servían al ejército y pagaban impuestos, se negaban persistentemente a hacer un sacrificio al emperador. Para ellos, había un solo Dios, y no era el emperador.

Enojado por este socavamiento de su autoridad imperial, Diocleciano decidió poner fin al cristianismo en el imperio. Las iglesias fueron demolidas, los escritos quemados y las personas capturadas, desterradas o asesinadas. Ni la represión ni la propaganda produjeron los resultados que él quería. Fue todo lo contrario. El cristianismo se hizo más fuerte que nunca, y Diocleciano estaba bajo tal presión que se bajó del trono.

Cuando Diocleciano renunció en el año 305 d.C., su colega tuvo que seguir su ejemplo. Ambos emperadores se retiraron y dejaron sus autoridades a Galerio y Constancio, quienes, a su vez, tuvieron que nombrar nuevos emperadores menores. El problema surgió del hecho de que Constancio y Maximiano tuvieron hijos. Ambos eran generales establecidos, y ambos quedaron excluidos, mientras que algunos hombres nuevos fueron promovidos a emperadores jóvenes.

El fin de la Tetrarquía

Comparado con otros tetrarcas, Constancio el Pálido fue el más popular. Él fue honesto, justo y realista. A diferencia de otros, nunca persiguió a los cristianos ni a nadie más, y su ejército era diverso en términos de religión. Sin embargo, se estaba muriendo. Su palidez no era metafórica, estaba enfermo de leucemia. Murió durante una campaña en Gran Bretaña y fue llorado sinceramente por sus soldados. Su ejército fue informado de que ahora servirían al nuevo emperador, llamado Severo. La mayoría de ellos nunca habían oído hablar de Severo. Fueron leales a Constancio y su hijo llamado Constantino, quien a menudo se unía a su padre en campañas. Los soldados lo conocieron, lo admiraron y lo declararon emperador. El breve período de transición pacífica establecido bajo Diocleciano había llegado a su fin.

Constantino Toma el Oeste...

El hijo de Maximiano, Majencio, amaba la idea de tomar el poder de la forma en que lo hacía Constantino, por lo que empleó a las tropas que solían servir a su padre y capturaron a Roma. En ese momento, el Imperio romano tenía seis emperadores: los cuatro legales y dos autoproclamados. Para el año 312 d.C., solo los "ilegales" quedaron en la mitad occidental del imperio.

Majencio nunca tuvo la intención de cooperar con Constantino. Roma y el resto de Italia eran suyas. Tenía un ejército enorme y numerosas defensas. Pero Majencio era un gobernante cruel e impopular, y su ejército no lo apreciaba de la manera en que los hombres de Constantino valoraban a su líder. Así que cuando Constantino y sus cuarenta mil hombres invadieron Italia, Majencio y sus tropas huyeron de la ciudad.

Las dos fuerzas se encontraron en el puente Milvio, y Constantino aplastó a su oponente. Más tarde afirmó que Cristo lo guio. Al día siguiente, Roma consiguió un nuevo líder. Constantino entró a la ciudad con orgullo sosteniendo la cabeza de su oponente en una lanza. Ahora era el emperador del Imperio romano occidental, y fue solo el comienzo de este gobernante visionario.

Constantino tenía algo especial, algo que le otorgaba una enorme popularidad. Marchó a Roma como un salvador, en lugar de un opresor como Majencio. Era un hombre de la gente. Además, en tiempos tan delicados en que los cristianos eran oprimidos en todo el imperio, escogió a Cristo en lugar de a Júpiter, y se negó a hacer la ofrenda acostumbrada al antiguo dios pagano. Pero Constantino no solo giró los bandos. El emperador legalizó el cristianismo a través de un decreto de tolerancia en 313, pero se aseguró de no alienar a sus súbditos paganos, y no convirtió a una nueva religión en la oficial. Se le ha visto desde entonces como un pionero de la tolerancia religiosa.

... y el Este

Mientras Constantino y Majencio lucharon en el Imperio occidental, algo similar sucedió también en el Imperio oriental. Licinio, uno de los tetrarcas legítimos al principio, y ahora el único gobernante del este, ya había vencido a su competencia y había matado a su emperador menor, Valerio Valente. Constantino era su única amenaza, pero los dos emperadores hicieron un trato, y cada uno estaba a cargo de su propia mitad del imperio. Pero la hostilidad silenciosa creció hasta el punto en que el conflicto se hizo inevitable.

Licinio cometió un error fatal. Incluso había más cristianos en la mitad oriental del imperio que en la occidental, y Licinio creía que todos apoyarían a Constantino. Por eso, comenzó a perseguir a sus súbditos. Esto le dio una oportunidad perfecta para que Constantino apareciera como el protector de las personas, por lo que vino con un ejército y atacó a Licinio. Los ejércitos se reunieron cerca de Bizancio, que todavía era solo una pequeña colonia griega y aún no se había convertido en el centro del universo conocido y, naturalmente, Constantino ganó.

Capítulo 11 - El Imperio de Constantino

Por primera vez en la historia reciente, todo el Imperio romano tenía un solo emperador. Constantino era competente y lo suficientemente fuerte como para asumir la responsabilidad. No fue facil. Las frecuentes guerras civiles habían desestabilizado el imperio, y Constantino llevó a cabo una serie de reformas para que todo funcionara como debía. La economía se estaba recuperando, gracias al hecho de que las clases trabajadoras podían trabajar de nuevo en lugar de ir a la guerra. Para acelerar la recuperación, Constantino encerró a todos en sus ocupaciones. Los agricultores no podían abandonar sus tierras, y los miembros de las Guildas (familias enteras) no podían cambiar de profesión. Tales medidas drásticas tuvieron un efecto diferente en las mitades este y oeste del imperio. El este ya era estable y próspero, y esas órdenes fueron ignoradas en gran medida. En occidente, sin embargo, las reformas dieron lugar al sistema feudal medieval.

Como no quedaba nadie que pudiera disputar su posición en el trono, Constantino fue un poco más lejos en el fomento del cristianismo. Primero envió a su madre a la primera peregrinación en la historia, durante la cual fundó muchas iglesias, como la Iglesia de la Natividad en Belén y la Iglesia del Santo Sepulcro en Gólgota, en Jerusalén, y numerosos albergues y hospitales en el camino. El siguiente paso en la promoción de la nueva fe incluyó el destierro de sacrificios rituales, orgías y juegos de gladiadores. La práctica de la crucifixión también se prohibió. El único espectáculo público popular que todavía estaba permitido era la carrera de carruajes porque no era violenta.

Los Primeros Herejes: Los Arrianos

Constantino transformó completamente el imperio, y su vínculo con el cristianismo era ahora inquebrantable. Todo parecía estar arreglado cuando apareció un nuevo desafío. Un joven sacerdote de Egipto, brillantemente persuasivo, comenzó a enseñar sus propios puntos de vista sobre Jesucristo. El nombre del sacerdote era Ario, y él creía que Cristo no era un dios en un verdadero sentido y que era inferior a Dios el Padre. Arrio atrajo a muchos seguidores y permanecieron a su lado incluso cuando se nombró un nuevo obispo para reemplazarlo en Alejandría. Esta situación amenazó con romper la iglesia, que todavía estaba descentralizada y no estaba organizada adecuadamente.

La opinión oficial de la iglesia no existía como tal, y ya era hora de que la iglesia se consolidara y expresara sus puntos de vista. El futuro del imperio dependía de ello, y fue Constantino quien inició la búsqueda de una solución permanente. Como le interesaba la estabilidad social en lugar de la teología, ofreció soluciones simples, como resolver las diferencias. Cuando no hubo respuesta a su apelación, reunió un gran consejo en Nicea, donde se enfrentó a todos los obispos del imperio. La mayoría decidió que Arrio estaba equivocado, y fue excomulgado de la iglesia. Gracias a Constantino, el cristianismo ahora estaba unido, pero la armonía era provisional y no iba a durar. No marcó ninguna diferencia para el emperador, que ya se estaba preparando para uno de sus mejores proyectos.

Construyendo Constantinopla (La Nueva Roma)

Ahora que Constantino se había ocupado de los delicados problemas, decidió que era hora de realizar algunas obras de construcción notables. Hizo una basílica asombrosa en Roma, con una gran estatua de sí mismo dentro, y algunas otras iglesias, incluida una para el papa.

Sin embargo, Constantino no quería gobernar desde Roma. La ciudad ya no era tan importante estratégicamente, y contenía rastros visibles de degeneración y corrupción. Roma era la ciudad del pasado, y Constantino imaginó una ciudad del futuro. El imperio había cambiado mucho durante su reinado, y pensó que merecía una nueva capital: una Nueva Roma (Nova Roma).

No fue fácil encontrar el terreno perfecto para tal esfuerzo, pero Constantino, como más tarde afirmó, fue guiado por una voz divina. Dios lo llevó al mismo lugar donde aplastó a Licinio y se convirtió en el emperador de Oriente y Occidente: la antigua ciudad de Bizancio.

Esta colonia griega de mil años de antigüedad estaba ubicada en un lugar perfecto justo entre los bordes este y oeste del imperio. Bordeada por tres lados con agua, tenía excelentes defensas naturales. El gran puerto de la ciudad estaba ubicado entre el Mediterráneo y el Mar Negro, en el punto medio de las lucrativas rutas comerciales. El lugar era tan perfecto, y la historia posterior lo atestiguaría, que es una verdadera maravilla que nadie antes de Constantino hubiera tenido la idea de construir una capital en ese lugar.

Constantino empleó todos los recursos disponibles y la magnífica ciudad nueva emergió en el plazo de solo seis años. Gente de todas las regiones del imperio se alegraron de mudarse a Nueva Roma y disfrutar de los diversos beneficios, como el grano gratis y el agua dulce, así como la posibilidad de mejorar su estatus.

La nueva capital se fundó en el año 330 d.C. Durante el gobierno de Constantino, se la llamó Nueva Roma. Un siglo más tarde, el nombre oficial era Constantinopla, y se mantuvo así hasta el siglo XX cuando se cambió a Estambul. En la actualidad, la ciudad es la capital de Turquía.

Los Últimos Años de Constantino El Grande: Un Oscuro Secreto, Bautismo y Muerte

En el último período de su reinado, a Constantino no le fue fácil preservar la armonía política y religiosa. Se convirtió en un gobernante opresivo y utilizó medidas severas y algunas veces injustas para devolver algo de prosperidad. Fue eficiente al hacerlo, pero también se volvió implacable. Mató a muchos que, no importa de qué forma, aparecieron como sus rivales potenciales.

Constantino no podía tolerar la popularidad de otras personas, y había un hombre a quien las masas querían y querían ver en el trono. El emperador también lo hizo matar, bajo falsas acusaciones. El desafortunado hombre se llamaba Crispo y era el hijo mayor del emperador.

No importa cuánto lo intentara, Constantino no podía mantener todo bajo control. Tuvo muchos problemas con la iglesia. A pesar de que tenía los medios para influir en la doctrina oficial establecida en Nicea, las opiniones y la fe de sus súbditos estaban más allá de su poder. Arrio y otros herejes obtuvieron el apoyo de personas a las que no les importaba si esos sacerdotes eran desterrados de la iglesia. Incluso el propio Constantino nunca estuvo completamente seguro de qué facción dentro de la iglesia debería apoyar. Desinteresado por la especulación teológica, solo quería respaldar al más popular para que le ayudara a difundir su influencia. Parece que cerca del final de su vida pensó que los arrianos ganarían, así que cuando finalmente fue bautizado, fue un obispo arriano quien realizó la ceremonia.

Capítulo 12 - Dinastía Constantiniana

Constantino fue uno de los gobernantes más competentes de la historia romana, pero aún estaba lejos de ser perfecto. Algunos problemas que dejó sin resolver se convirtieron en problemas mayores después de su muerte. La antigua religión romana persistió junto con el cristianismo. Este modelo de tolerancia religiosa funcionó bien bajo Constantino, pero ahora amenazaba con romper el imperio. El otro tema no resuelto fue el de la sucesión.

Los Hijos de Constantino

Constantino estaba tan preocupado por su propia posición que organizó la ejecución de su heredero más hábil, como vimos en el capítulo anterior. Los tres hijos que sobrevivieron, llamados Constantino II, Constancio II y Constante, dividieron el imperio entre ellos e inmediatamente comenzaron a pelearse entre sí para poder tomar la totalidad. Después de un par de años de guerra civil, Constancio II salió victorioso. Pero el imperio tenía muchos enemigos que se hacían más fuertes año tras año y no podía estar presente en todas las fronteras al mismo tiempo. Necesitaba desesperadamente a alguien de su familia para dirigir al resto del ejército, pero los había matado a todos de manera conveniente. Bueno, casi todos, ya que había un primo nerdiano, Juliano, a quien Constancio evitó, ya que el chico no parecía ser una gran amenaza. El emperador habría pensado de manera diferente si hubiera sabido qué potencial tenía el joven Juliano.

Juliano el Apóstata

Flavio Claudio Juliano (más tarde conocido como Juliano el apóstata) pasó su infancia encarcelado en su casa, leyendo los clásicos griegos y romanos, cuando era niño. Nunca había mostrado otras ambiciones que no fueran intelectuales, y cuando cumplió 19 años, se le concedió fácilmente el permiso para viajar y continuar sus estudios del mundo clásico. Durante sus viajes de Pérgamo a Éfeso, Juliano estudió filosofía, rechazó el cristianismo y abrazó el neoplatonismo. Nunca le contó a nadie, especialmente a sus maestros cristianos, acerca de su apostasía y de unirse a un movimiento pagano, porque no quería comprometer los privilegios de los que disfrutaba.

Pero había llegado el momento en que ya no podía continuar su vida como erudito. Constancio lo necesitaba para liderar un ejército imperial y lidiar con enemigos en la frontera norte, ya que el propio emperador tenía que luchar contra Persia. Entonces, hizo que Juliano fuera su César (emperador menor), le dio 360 hombres (quienes, según las palabras de Juliano, "solo sabía cómo orar"[xxxiii]), y lo dirigió a la Galia.

Juliano tenía cero de experiencia militar. A los ojos de los demás, él era solo un erudito tímido. Sin embargo, en los cinco años que pasó en la Galia, mostró resultados increíbles. Juliano organizó el ejército local y lo hizo eficiente, luego expulsó a los bárbaros y liberó a decenas de miles de prisioneros de guerra. Cuando estableció la paz en la provincia, persiguió y aplastó a las tribus germánicas en su propio terreno, encarceló a su rey y lo envió a Constantinopla en cadenas.

Constancio quedó petrificado instantáneamente. Su primo joven era poderoso y la gente lo admiraba. Para desalentar a Juliano, el emperador exigió que se enviaran dinero y hombres de la Galia para ayudarlo contra los persas.

Los hombres de Juliano no querían abandonar sus hogares y unirse al ejército de Constantino en el este, por lo que una noche se reunieron alrededor del palacio de Juliano, lo consideraron su emperador y le pidieron que los guiara contra Constantino. Juliano sintió que Zeus estaba de su lado, y con gusto dijo que sí. Ya no tenía que fingir que era cristiano, y envió instrucciones a todas las ciudades romanas para restaurar la religión romana.

Juliano no tuvo que luchar contra Constantino, quien mientras tanto murió de una enfermedad. Como su único heredero, el nuevo emperador Juliano simplemente llegó a Constantinopla, donde fue recibido con entusiasmo por las multitudes, así como por el Senado.

Restaurando La Cultura Grecorromana: Los Sueños Inútiles de Juliano

Juliano no estaba completamente contento con su nuevo estatus. La fuerza del imperio había disminuido considerablemente a lo largo de los siglos. Veía degeneración, codicia, decadencia moral y falta de disciplina en todas partes. El emperador tenía una idea clara de las causas de tal declive: todo sucedió a causa del cristianismo. La nueva fe glorificaba atributos "femeninos", como la amabilidad y el perdón, a expensas del sentido del honor y el deber romano de tradición.

Juliano sabía que la persecución no produciría los resultados que él quería. Así que decidió adoptar la estrategia de Constantino, pero por una causa opuesta: la restauración de antiguas costumbres y religiones que ahora se consideraban paganas. Juliano publicó un edicto de tolerancia, que contenía una pequeña cláusula que afirmaba que el paganismo romano era una religión superior. Los templos en todo el imperio estaban abiertos de nuevo, y todo estaba preparado, pero la población ya había reconocido a Cristo como su verdadero Dios y no estaban dispuestos a abandonar la nueva esperanza. No importaba cuánto intentara el emperador revertir el curso de la historia, nada parecía funcionar. Luego recordó cómo Constantino hizo que el cristianismo fuera dominante de la noche a la mañana: luchó en el Puente Milvio y ganó, afirmando que Cristo lo había guiado. El siguiente paso fue claro: Juliano tenía que emerger glorioso en una batalla decisiva, y la gente debería ser informada de que Marte y Júpiter (o el griego Ares y Zeus) lideraban a su emperador.

Juliano el Apóstata [xxxiv]

Juliano se preparó para la victoria clave de una manera tradicional grecorromana al pedirle al oráculo en Delfos una profecía. Pero las palabras del oráculo fueron decepcionantes: "Dígale al emperador que mi salón se ha derrumbado. Phoibos ya no tiene su casa, ni su bahía mántica, ni su primavera profética; el agua se ha secado." [xxxv]

El emperador hizo varios intentos para demostrar que los dioses antiguos eran reales y estaban de su lado, mientras que el Dios cristiano era un impostor. Según una profecía bíblica, el antiguo templo judío en Jerusalén no podía ser reconstruido hasta el final de los tiempos. Así que Juliano decidió reconstruir el templo y probarlo todo como una mentira. Pero no logró hacerlo. Hizo dos intentos, y cada uno de ellos terminó con una catástrofe. Primero fue un terremoto, y la segunda vez fue un incendio que quemó toda la estructura hasta el suelo.

Estos intentos inútiles hicieron que Juliano se volviera cada vez más impopular, principalmente porque necesitaba medios para alcanzarlos, y usó el oro de una catedral cristiana para pagar a su ejército.

Finalmente, en 363, marchó a Persia con su impresionante ejército. Entraron en tierra persa sin dificultad, pero fue imposible cruzar los altos muros y penetrar en la capital persa de Ctesifonte. Un largo asedio estaba fuera de discusión, ya que los romanos no podían soportar el calor. Además de eso, un gran ejército persa estaba en camino de defender la capital. Decepcionado, Juliano decidió abandonar el sitio. Luego, en un par de meses, los persas atacaron la frontera oriental y Juliano recibió instantáneamente una herida mortal. Murió como el último emperador romano pagano y el último emperador de la dinastía de Constantino.

Capítulo 13 - Descenso y Caída del Imperio Romano Occidental

El mundo estaba cambiando rápidamente, y Roma pronto caería en manos de los líderes germánicos. Las tribus germánicas habían intentado invadir la tierra romana durante siglos, sin éxito. Esta vez fue diferente; llegaron en paz, como colonos que buscaban refugio de la nueva fuerza aterradora: los hunos. Sin embargo, los recién llegados no estaban ansiosos por adaptarse y abrazar la cultura romana. Como resultado, la sociedad romana estaba cambiando para siempre, de una manera que no era beneficiosa para los romanos. Además de eso, el imperio fue gobernado por un incompetente emperador tras otro.[xxxvi]

Valentiniano, Valente y Graciano

El emperador que sucedió a Juliano murió de una muerte no heroica: un brasero se dejó ardiendo en su tienda durante la noche y se ahogó. Sus hijos, Valentiniano y Valente, dividieron el imperio de nuevo. Valentiniano tomó el oeste y Valente se convirtió en el gobernante del Oriente romano. Después de once años, Valentiniano murió y su hijo Graciano lo sucedió, pero era demasiado inexperto y estaba bajo la influencia de su tío Valente.

Valente hizo un acuerdo aparentemente favorable con los doscientos mil inmigrantes visigodos y ostrogodos que querían quedarse en el territorio romano. Los colonos recibirían propiedades en Tracia y sus hombres se convertirían en soldados romanos. Pero no terminó bien. La hostilidad entre los nativos y los novicios se intensificó. En 378, Valente y Graciano se vieron obligados a atacar a los godos cerca de Adrianópolis. Carecían de un plan adecuado y de una colaboración genuina, y la acción resultó ser una catástrofe. La caminata y el calor agotaron a los romanos, y los godos fácilmente mataron a dos tercios de ellos. Ahora, cada tribu bárbara podía entrar en el territorio romano y hacer lo que quisieran. Los godos se extendieron hacia el este y amenazaron a Constantinopla. Parecía que no había salida.

Teodosio

Valente murió en una escaramuza, pero oriente no estuvo sin un emperador por mucho tiempo. El emperador occidental Graciano eligió a su mejor general, Teodosio, y lo convirtió en el emperador de la mitad oriental del imperio. Teodosio tuvo la tarea realmente difícil de encontrar algo de sangre fresca para reemplazar a decenas de miles de soldados experimentados que habían sido asesinados en el desastre de Adrianópolis. Ahora todos, incluidos los bárbaros, tenían que servir en el ejército. El arreglo que hizo fue similar al hecho por Valente, pero Teodosio prestó más atención a los detalles. Funcionó bien por un tiempo, aunque dejó consecuencias dañinas que se harían evidentes en unas pocas décadas y darían lugar al colapso del Imperio romano de occidente.

Exclusividad del Cristianismo

En 382 Teodosio cayó enfermo, y pensó que estaba a punto de morir. Al igual que Constantino antes que él, el emperador oriental quería ser bautizado antes de que muriese. Sin embargo, después de la ceremonia, se recuperó milagrosamente. Esta experiencia lo llevó a cambiar la forma en que gobernaba el imperio. Matar a inocentes ahora era imposible, y ya no podía ignorar las disputas dentro de la iglesia.

Teodosio prohibió tanto la herejía arriana como el paganismo dentro del imperio. Incitado por su mentor religioso, el obispo Ambrosio de Milán, cerró los templos públicos, renunció al título de Pontifex Maximus (el principal sacerdote de la religión romana tradicional) y prohibió todas las cosas paganas. Los Juegos Olímpicos, el Oráculo de Delfos, el Templo de Vesta y el fuego eterno ahora eran historia. Finalmente, en 391, Teodosio anunció oficialmente el cristianismo como la única religión en el imperio.

El Saco de Roma

Los descendientes de Teodosio carecían de la capacidad para lidiar con las fuerzas "bárbaras" en el imperio, y esas tribus aumentaron su influencia. Los generales, que en la mayoría de los casos tenían un origen bárbaro, gozaban de mayor influencia que los emperadores. Esto era particularmente obvio en la parte occidental del imperio, donde el emperador Honorio estaba efectivamente a la sombra del general Estilicón. Irónicamente, Estilicón fue un destacado comandante, pero ni la élite en Roma ni Constantinopla lo apoyaron. En una ocasión, trató de sobornar al rey visigodo Alarico porque se dio cuenta de que pelear con él sería perjudicial. Los enemigos de Estilicón convencieron entonces al emperador Honorio de que él había traicionado a Roma, y el emperador le dio muerte. Italia estaba virtualmente indefensa, y en 401, el ejército de Alarico simplemente entró en Italia y saqueó a Roma. Honorio escapó a Rávena, dejando a los ciudadanos valerse por sí mismos.

Los Terroríficos Hunos

Sorprendido por el saco de Roma, el nuevo emperador de oriente, Teodosio II, construyó enormes muros alrededor de Constantinopla. Alarico no tuvo la oportunidad de intentar invadir la Nueva Roma, pero otros la tuvieron, incluido el poderoso Atila el Huno y su amenazador ejército. Constantinopla quedó ilesa, pero Roma quedó completamente expuesta. Al principio, Atila aceptó el pago para dejar a los romanos en paz, y así lo hizo. Unos meses más tarde, la hermana de Honorio, Honoria, fue obligada a contraer matrimonio con un senador desagradable. Tratando desesperadamente de evitar la boda, ella le envió una carta y un anillo a Atila. El poderoso huno volvió a tomar lo que era suyo. Sorprendentemente, los hunos no arruinaron la ciudad. El Papa Leo, el único funcionario público que todavía estaba en Roma en este momento, lo convenció para que se fuera inmediatamente. A la mañana siguiente, los hombres de Atila encontraron a su líder muerto en su tienda.

Resistiendo a los Maestros Bárbaros

Con Atila ahora muerto, los hunos ya no representaban una amenaza para el Imperio romano. Sin embargo, el verdadero enemigo todavía estaba presente y tenía un poder inmenso. Los bárbaros no solo estaban integrados en la sociedad; estaban justo detrás del trono, controlando efectivamente a los emperadores. Cuando el emperador Valentiniano III intentó ponerle fin y deshacerse de su maestro bárbaro, también fue asesinado. La viuda del emperador entonces llamó a los vándalos para que vinieran y ayudaran a los romanos. Llegaron, saquearon Roma y se llevaron a la emperatriz imprudente a Cartago.

En Constantinopla, el emperador Leo quería resistirse al general sarmatiano Aspar, quien efectivamente gobernó esa parte del imperio, pero también evitó terminar como su colega occidental. Leo encontró una manera de quitarle el control militar y dárselo a otro general, Tarasicodissa el Isauriano. Culparon a Aspar con traición, y Tarasicodissa, ahora helenizado y llamado Zenón, estaba casado con la hija de Leo.

Leo era un emperador ambicioso y quería subyugar al reino vándalo del norte de África. Equipó bien al ejército, pero cometió un error colosal con la elección del comandante a cargo. Eligió a su cuñado Basilisco, quien pronto demostró estar entre los generales más incapaces de la historia. Aterrizó demasiado lejos de Cartago, accidentalmente destruyó la flota, entró en pánico y huyó, dejando atrás al devastado ejército. Curiosamente, Basilisco creía que era competente para gobernar el imperio. Leo eligió a Zenón como su heredero. Basilisco le causó algunos problemas para derrocarlo, pero la gente estaba del lado de Zenón y el mejor hombre ganó el trono.

La Caída del Oeste. El Este Avanza.

Zenón trabajó diligentemente para restablecer la estabilidad en el Imperio romano oriental, pero occidente estaba condenado. En 476, un general bárbaro llamado Odoacro| se aburrió de todos los pretendientes y títeres emperadores, y envió al emperador adolescente Rómulo Augústulo al exilio. El gobernante bárbaro no estaba interesado en tomar el título de emperador romano, y él tomó la corona y el cetro y los envió como un gesto de buena voluntad a Zenón.

El emperador del este no estaba feliz de darle apoyo a Odoacro, pero no podía permitirse luchar contra él en ese momento. Finalmente, se le ocurrió una idea brillante y resolvió dos problemas a la vez. El rey ostrodogo Teodorico estaba haciendo un desastre en los Balcanes, y Zenón no podía luchar contra él. Así que le dio la autoridad para gobernar el oeste. Los godos se trasladaron colectivamente a Italia y derrocaron a Odoacro. Roma ya no era romana. El Imperio oriental, por otro lado, finalmente se liberó de la influencia bárbara. Zenón logró restablecer la estabilidad, pero no vivió lo suficiente como para presenciar la brillante nueva era que comenzó gracias a él.

Capítulo 14 - El Milenio Bizantino

La ciudad de Constantinopla se fundó durante el caótico siglo III, cuando las revueltas y las guerras civiles eran normales, y los emperadores romanos simplemente duraron un año. Bajo Constantino, la nueva ciudad se había convertido en la capital de todo el Imperio romano. Ahora que el Imperio romano occidental dejó de existir, el Imperio oriental era el único. Hoy en día es ampliamente conocido como el Imperio bizantino, pero en el momento en que tuvieron lugar estos eventos, se le conoció formalmente como el Imperio romano del este. Los ciudadanos de la capital oriental y sus gobernantes se consideraban romanos. Todos los demás, incluyendo a sus enemigos, también los consideraban romanos. Cuando Constantinopla cayó ante los otomanos, el sultán Mehmed II tomó el título de César de Roma. Pero eso sucedió en el siglo XV, en el período que no podía ser llamado "antiguo" por ningún tipo de pensamiento. Lo abordaremos así, sin embargo, debido a su continuidad con el antiguo mundo romano. Por ahora, nuestra historia continúa con el más glorioso emperador bizantino y su controvertida esposa.

Justiniano y Teodora

Justiniano había sido verdaderamente poderoso años antes de que se convirtiera en emperador. Nacido como Peter Sabbatius, este joven prometedor cambió su nombre a Justiniano por la gratitud que sentía hacia su tío Justino, que en ese momento era el emperador. Justino no solo adoptó a su sobrino y lo ayudó a recibir educación de élite, sino que también escuchó sus consejos y le permitió tomar decisiones estratégicamente importantes. El anciano emperador incluso dio su consentimiento a Justiniano cuando decidió casarse con "una dama del escenario" llamada Teodora.

Justiniano ayudó a los pueblos vecinos a lidiar con sus maestros opresivos. Representantes de numerosos estados se reunieron en Constantinopla y la ciudad prácticamente se convirtió en el centro del mundo. Los reyes vasallos que se habían visto obligados a servir al rey de Persia cambiaron de bando alegremente, fortalecidos por el apoyo del imperio y de Justiniano. Además, las tropas dirigidas por el guardaespaldas de Justiniano, Belisario, desbancó a Armenia de los persas. Esto fue solo el comienzo para el visionario emperador.

La coronación de Justiniano y Teodora en Santa Sofía fue espectacular, y anticipó una época de esplendor. De hecho, su reinado ahora se considera la edad de oro en la historia bizantina, gracias a sus logros militares y magníficos proyectos de construcción. Además de eso, produjo el primer códice escrito de la ley romana. Desafortunadamente, la gente no estaba muy contenta porque él también aumentó los impuestos. Por lo que casi muere en la revuelta de Nika, cuando 30.000 personas se alzaron contra él en el Hipódromo. La revuelta fue reprimida y los manifestantes masacrados por el ejército de Belisario. Nadie volvió a cuestionar las decisiones de Justiniano.

Un Dios en el Cielo, Un Emperador en la Tierra

Justiniano creyó que el Imperio romano no estaba completo sin la ciudad de Roma y que era su deber restaurar el orden celestial, liberar a Roma y reunir a la iglesia. Afortunadamente para el emperador, tenía a su disposición el mejor general de la historia romana. Aunque enormemente superado en número, el ejército liderado por Belisario derrotó a los vándalos en África y reconquistó

Cartago. Después de eso, con solo 5.000 hombres retomó Roma y toda Italia. Podría haber sido capaz de reconquistar a España y al resto de Europa occidental si la emperatriz no hubiera temido que Belisario fuera demasiado poderoso como para ser fiable.

Los años posteriores trajeron plagas y hambrunas. Después de que todo terminara, Justiniano logró mantener una relativa prosperidad y paz por el resto de su vida. Ningún emperador romano habló el latín como su primer idioma después de Justiniano, y muy pocos fueron visionarios en toda la historia romana.[xxxvii]

Durante el resto de su larga historia, el Imperio romano del este tuvo sus altibajos. Uno de los mayores desafíos fue la agresiva expansión de las tribus musulmanas, en la que los generales bizantinos capaces lucharon en numerosas ocasiones. Incluso en los momentos de mayor crisis, Constantinopla estaba bien protegida y era inaccesible para sus enemigos. El idioma oficial era el griego y la religión dominante era el cristianismo ortodoxo oriental. A pesar de ser una sociedad religiosa, su sistema educativo era notablemente laico. Su vida cultural floreció, y las élites de los pueblos de los alrededores se educaron en la Universidad de Constantinopla, donde aprendieron matemáticas, retórica, idiomas y leyes. La Edad Oscura nunca entró en Bizancio. Constantinopla fue el escudo de la luz y la civilización en la Europa medieval y más allá.[xxxviii] Además, el Imperio del este protegió al resto de Europa contra las fuerzas islámicas en rápida expansión.[xxxix]

Las Cruzadas

El predominio de Bizancio duró más de un milenio, pero finalmente llegó a su fin. Irónicamente, el primer daño hecho a Constantinopla no vino de las manos de los musulmanes. La ciudad que no había sido conquistada antes fue saqueada y quemada por otros cristianos durante la Cuarta Cruzada.

Los problemas comenzaron en el siglo XI, durante el avance de los seljuk turcos que invadieron el territorio imperial para permanecer allí. La élite bizantina era tan corrupta en la época en que traicionaron al emperador romano Diógenes que lo hicieron en un momento decisivo durante una batalla contra los seljuks, solo porque no querían un emperador fuerte que pudiera limitar sus privilegios. Como hace siglos en la antigüedad, el imperio estaba ahora atormentado por guerras civiles. Finalmente, en 1081, un hombre con potencial fue coronado. Era el general Alejo Comneno.

En este punto, las iglesias ortodoxas y católicas estaban separadas y no en buenos términos. Sin embargo, Alejo le escribió al Papa Urbano pidiéndole apoyo contra los sarracenos. Así comenzaron las cruzadas.

Los primeros cruzados que llegaron fueron un grupo indisciplinado dirigido por Pedro el Ermitaño. En el camino a Constantinopla, incendiaron muchas ciudades y, cuando llegaron, mataron a varios griegos en Asia Menor. Finalmente, los turcos los aplastaron. Las siguientes cruzadas tuvieron más éxito en su misión, ya que ganaron varias batallas contra los turcos y entraron a Jerusalén. Sin embargo, presentaban un peligro mucho mayor para la ciudad en huelga de Constantinopla que para los musulmanes. La Cuarta Cruzada nunca llegó a su santo destino. Los caballeros y campesinos entraron en Constantinopla. El duque de Venecia, que tenía algunos problemas sin resolver con la élite bizantina, les dijo a los cruzados que los griegos eran herejes. Como resultado, arruinaron la ciudad y se llevaron todo el tesoro que pudieron encontrar, incluidos los relicarios de las tumbas y los ornamentos de las iglesias. Al final, quemaron la ciudad.

Después de ser condenado por el Papa Inocencio, los cruzados decidieron quedarse y crear el Imperio latino de Constantinopla. La auténtica élite bizantina y el nuevo emperador se encontraban en Nicea, y socavaron a los latinos con diversas actividades diplomáticas hasta que un día el emperador Miguel Paleólogo reunió un ejército, entró en Constantinopla e hizo que los latinos entraran en pánico y huyeran.

Los Otomanos

Un grupo de guerreros turcos liderados por un hombre llamado Osman conquistó todas las demás ciudades del imperio, y ahora apuntaba a Constantinopla. Las defensas de la ciudad podían ganar tiempo, pero ya no eran tan inquebrantables. El emperador Manuel II le pidió apoyo a Occidente, pero nadie vino. La tensión duró varias décadas, durante las cuales los otomanos sufrieron algunos contratiempos y dejaron a los bizantinos en paz por un tiempo.

Finalmente, en 1453, el Sultán turco Mehmed II el Conquistador, armado con modernos cañones, abrió fuego contra las murallas de la ciudad. La ofensiva duró 48 días. Finalmente, el ejército turco, respaldado por tropas de élite llamadas jenízaros, ingresó a la ciudad desde el mar. Muchos ciudadanos se reunieron en Santa Sofía, esperando que un ángel los salvara. Todos fueron asesinados. Fue el fin de la historia romana.

Santa Sofía hoy (ajustada en una mezquita), Estambul, Turquía [xl]

La Cronología de la Historia Romana

Historia Antigua: La República Romana

753 a.C. Fundación de Roma

509 a.C. Derrocamiento de la Monarquía Romana

494 a.C. Primera Secesión de Plebeyos

445 a.C. La Legalización del Matrimonio entre Patricios y Plebeyos

396 a.C. Los Soldados Romanos Ganaron un Salario Por Primera Vez

366 a.C. El Primer Cónsul Plebeyo Ocupó el Cargo

351 a.C. Se Eligió al Primer Dictador y Censor Plebeyo

343-41 a.C. La Primera Guerra Samnita

340-38 a.C. Guerra latina (social)

337 a.C. Fue Elegido el Primer Pretor Plebeyo

328-304 a.C. La Segunda Guerra Samnita

287 a.C. Conflicto de las Órdenes: La Primera Secesión de la Plebe

280-272 a.C. Guerra Pírrica

241 a.C. Primera Guerra Púnica: Sicilia Fue Organizada Como la Provincia de Sicilia

218 a.C. Segunda Guerra Púnica: Un Ejército Cartaginés Partió de Cartagena

216 a.C. Batalla de Cannas

214-205 a.C. Primera Guerra Macedonia

204-201 a.C. Segunda Guerra Púnica

200-192 a.C. Segunda Guerra Macedonia

188 a.C. Guerra Romana–Siria:

149-146 a.C. Tercera Guerra Púnica

133 a.C. Asesinato de la Tribuna de las Plebes Tiberio Sempronio Graco

112 a.C. Guerra de Jugurta

107 a.C. Cayo Mario fue elegido cónsul

91-88 a.C. Guerra Social

88 a.C. Primera guerra civil de Sila

83-82 a.C. Segunda guerra civil de Sila

63 a.C. Pompeyo conquistó Jerusalén; Cicerón fue elegido cónsul; Conspiración Catilina

59 a.C. El primer Triunvirato

58 -50 a.C. Guerras Gálicas: las fuerzas romanas impidieron la migración hacia el oeste de los Helvecios a través del Ródano

49 a.C. César cruzó ilegalmente el Rubicón

44 a.C. Asesinato de Julio César

43 a.C. El Segundo Triunvirato de Augusto, Marco Antonio y Marco Emilio Lépido

42 a.C. Guerra civil de los libertadores: Augusto y Antonio llevaron a unas treinta legiones al norte de Grecia en busca de los asesinos del César

33 a.C. El segundo Triunvirato expiró

31 a.C. Batalla de Accio

30 a.C. Guerra Final de la República Romana: Las Tropas de Antonio Desertaron hacia Augusto. Antonio Y Cleopatra Se Suicidaron

Imperio Naciente

27 a.C. El Senado le otorgó a Augusto los títulos Augusto, majestuoso y Princeps, primero

21 a.C. Augusto casó a su hija Julia con su general Marco Vipsanio Agripa

12 a.C. Agripa murió de fiebre

11 a.C. Augusto casó a Julia con Tiberio

9 a.C. Nerón Claudio Druso murió a causa de las lesiones sufridas al caerse de un caballo

6 a.C. Augusto ofreció a Tiberio el poder tribúnico e imperio sobre la mitad oriental del Imperio. Tiberio se negó, anunciando su retiro a Rodas

2 a.C. Augusto fue aclamado Pater Patriae, padre del país, por el Senado; Augusto condenó a Julia por adulterio y traición y la exilió con su madre Escribonia a Ventotene

4 d.C. Augusto adoptó a Tiberio como su hijo y le otorgó el poder de tribuno

13 d.C. A Tiberio se le otorgó un poder igual a Augusto como co-princeps

14 d.C. Augusto murió

16 d.C. Batalla del río Weser: un ejército romano liderado por Germánico derrotó decisivamente una fuerza germánica en el Weser

18 d.C. Tiberio otorgó a Germánico imperium sobre la mitad oriental del Imperio

19 d.C. Germánico murió en Antioquía, posiblemente después de ser envenenado por orden de Tiberio

37 d.C. Tiberio murió, y en voluntad dejó sus oficios conjuntamente a Calígula y al hijo de Julio César, su nieto, Tiberio Gemelo

41 d.C. Calígula fue asesinado por el centurión Casio Querea; La Guardia Pretoriana aclamó a Claudio, el hijo de Nerón Claudio Druso, princeps

43 d.C. Conquista romana de Gran Bretaña

49 d.C. Claudio se casó con Agripina la Joven

50 d.C. Claudio adoptó al hijo de Agripina, Nerón

54 d.C. Claudio murió después de ser envenenado por Agripina, y Nerón lo sucedió como princeps

64 d.C. Gran Incendio de Roma

66 d.C. Primera guerra judeo-romana: la población judía de Judea se rebeló contra el gobierno romano

68 d.C. El Senado declaró a Nerón un enemigo del estado, y le ordena a su secretario Epafrodito que lo mate; el Senado aceptó a Galba, gobernador de la Tarraconense, y gobernante de Roma

69 d.C. La Guardia Pretoriana asesinó a Galba y al aclamado gobernante Otón de Roma; Vitelio derrotó a Otón; el Senado reconoció a Vespasiano como gobernante de Roma

70 d.C. Asedio de Jerusalén: el general romano Tito rompió las murallas de Jerusalén, saqueó la ciudad y destruyó el Segundo Templo

71 d.C. Conquista romana de Gran Bretaña: las fuerzas romanas entraron en la Escocia moderna

79 d.C. Vespasiano murió. Fue sucedido por su hijo Tito

80 d.C. Roma fue parcialmente destruida por el fuego; el coliseo se completó

81 d.C. Tito murió de fiebre, y su hermano menor Domiciano lo sucedió

96 d.C. Domiciano fue asesinado por miembros de la familia real; Nerva fue declarado gobernante de Roma por el Senado

97 d.C. Nerva adoptó al general y ex cónsul Trajano como su hijo

98 d.C. Nerva murió, y Trajano lo sucedió

117 d.C. Trajano murió, y el Senado aceptó al general Adriano como gobernante de Roma

132-135 d.C. Rebelión de Bar Kojba en Judea

138 d.C. Adriano adoptó a Antonino Pío como su hijo y sucesor; Adriano murió, probablemente de insuficiencia cardíaca. Antonino lo sucedió

161 d.C. Murió Antonino; Marco y Lucio Vero lo sucedieron

165-180 d.C. La Peste Antonina

169 d.C. Lucio Vero murió de enfermedad, dejando a Marco como el único gobernante de Roma

177 d.C. Marco nombró a su hijo natural cogobernante junto con él

180 d.C. Marco murió

192 d.C. Cómodo fue estrangulado hasta la muerte

Finales del Imperio

284 Las fuerzas romanas en el este eligieron al cónsul Diocleciano como gobernante y lo proclamaron Augusto

285 Diocleciano le dio a Maximiano el título de César

286 Diocleciano proclamó Maximiano Augusto del oeste, fallándose a sí mismo como Augusto del este

293 Diocleciano estableció la Tetrarquía y nombró a Constancio Cloro para ocupar el cargo de César bajo Maximiano en el oeste y Galerio para mantener el título bajo el mando en el este

301 Diocleciano emitió el Edicto sobre precios máximos, reformando la moneda y estableciendo límites de precios para una cantidad de bienes

303 Persecución Diocleciana

305 Diocleciano y Maximiano abdicaron. Constancio y Galerio fueron elevados a Augustos en el oeste y el este; Galerio nombró a Flavio Valerio Severo César en el oeste y Maximino II César en el este

306 Constancio murió en Eboracum; Sus tropas aclamaron a su hijo Constantino el Gran Augusto

306-312 Guerras civiles de la Tetrarquía

312 Batalla del Puente Milviano

313 Constantino el Grande y Licinio emitieron el Edicto de Milán, ofreciendo la restitución a los cristianos heridos durante las persecuciones

324 Batalla de Adrianópolis

325 Primer Concilio de Nicea

326 Constantino el Grande ordenó la muerte de su hijo mayor Crispo

330 Constantino el Grande trasladó su capital a Bizancio y cambió su nombre a la ciudad Constantinopla, la ciudad de Constantino

337 Constantino el Grande murió; sus hijos le sucedieron

355 Constancio II declaró a Julián (emperador) César y le concedió el mando en la Galia

357 Batalla de Estrasburgo: Juliano derrotó a una fuerza del pueblo alamán muy superior cerca de Argentoratum, solidificando el control romano al oeste del Rin

360 Los Petulantes, ordenados al este de París en preparación para una guerra con el Imperio sasánida, se amotinaron y en cambio proclamaron a Juliano Augusto

361 Constancio II murió de fiebre; sucedido por Juliano

364 El ejército aclamó al general Valentiniano I el Gran Augusto; Valentiniano el Grande nombró a su hermano menor Valente Augusto con el gobierno del Imperio oriental, y continuó como Augusto en el oeste

375 Valentiniano el Grande murió de un derrame cerebral a quien le sucedió su hijo Graciano, en ese entonces un Augusto menor en el oeste, y le sucedió como un Augusto mayor

378 Batalla de Adrianópolis: una fuerza combinada gótico-alanica derrotó decisivamente al ejército romano cerca de Edirne; Valente fue asesinado

379 Graciano nombró al general Teodosio I el Gran Augusto en el este

380 Teodosio el Grande emitió el Edicto de Tesalónica, haciendo del cristianismo la iglesia estatal del Imperio romano

395 Teodosio el Grande murió; su hijo mayor, Arcadio, lo sucedió como Augusto en el Imperio bizantino del este; el joven Honorio se convirtió en el único Augusto en el Imperio romano occidental bajo la regencia del Magister Militum Estilicón

398 Guerra Gildónica: Gildo, procedente de África, fue asesinado tras una rebelión fallida contra el Imperio romano de occidente

402 Ravenna se convierte en la capital del Imperio romano occidental

410 Los visigodos saquearon Roma bajo su rey Alarico I

424 El augusto bizantino Teodosio II el Joven, el Calígrafo nombró al joven Valentiniano III, a su primo y al hijo de Constancio III, César, con dominio sobre el oeste; su madre Galla Placidia fue nombrada regente

447 Batalla de los utus: los hunos de Atila derrotaron a un ejército bizantino en una sangrienta batalla cerca del Vit

457 El Augusto bizantino León I el Tracio fue nombrado Majorian Magister militum en el oeste

468 Batalla de Cabo Bon: El Reino Vándalo destruyó una flota combinada de invasión romana y bizantina occidental en Cabo Bon

474 León el Tracio murió; le sucedió su nieto León II. Zenón se convirtió en el Augusto del Imperio bizantino con su hijo León II

475 Basilisco, hermano de la viuda Verina de León el Tracio, fue aclamado Augusto del Imperio bizantino por el senado bizantino

476 Zenón recapturó Constantinopla y aceptó la rendición de Basilisco; los foederati germánicos renunciaron a la autoridad romana occidental; Odoacro conquistó la capital romana occidental, Ravenna, obligó a Rómulo a abdicar y se declaró rey de Italia; el Senado envió a Zenón la vestimenta imperial del Imperio romano occidental

El Imperio Bizantino

527 Augusto Justino I nombró a su hijo mayor Justiniano I el Grande co-Augusto junto con él; Justino I murió

529 Se promulgó el Código de Justiniano, que intentó consolidar y reconciliar las contradicciones en el derecho romano

532 Justiniano el Grande ordenó la construcción de Santa Sofía en Constantinopla

533-534 Guerra vandálica: una fuerza bizantina bajo el mando del general Belisario partió para el Reino vandálico

535-554 Guerra gótica (535–554): las fuerzas bizantinas que cruzan desde África invadieron Sicilia y Roma

537 Santa Sofía se completó

565 Belisario murió; Justiniano el grande murió

602-628 Guerra bizantina-sasánida de 602–628

634 Conquista musulmana de Levante

640 Conquista musulmana de Egipto

641 Sitio de Alejandría (641): las autoridades bizantinas en la capital egipcia Alejandría se rindieron ante el asediado ejército de Rashidun

663 Basileus Constans II visitó Roma

698 Batalla de Cartago (698): un asedio y bloqueo de los omeyas de Cartago obligó a la retirada de las fuerzas bizantinas; la ciudad fue conquistada y destruida

730 León III el Isaurio promulgó un edicto que prohibía la veneración de imágenes religiosas, comenzando la primera iconoclasia bizantina

787 Segundo Concilio de Nicea: finalizó un concilio ecuménico en Nicea que respaldó la veneración de las imágenes y puso fin a la primera iconoclasia bizantina

1002 Conquista bizantina de Bulgaria

1054 Cisma de Oriente y Occidente: Legado apostólico Humberto de Silva Cándida colocó en el altar de Santa Sofía un documento que proclama la excomunión de Miguel Cerulario, el patriarca de Constantinopla

1071 Batalla de Manzikert: una fuerza de seljuk derrotó decisivamente al Imperio bizantino cerca de Malazgirt; el basileo romano IV Diógenes fue capturado

1050 Nicéforo III Botaniates fue depuesto y reemplazado como basileo por Alejo I Comneno

1098 El primer líder cruzado Bohemundo I se declaró príncipe de Antioquía

1204 Sitio de Constantinopla: los Cuarto Cruzados violaron y saquearon a Constantinopla, depusieron al basileo Alejo V Ducas y establecieron el Imperio latino bajo su líder Baldwin I, como el Emperador latino

1261 Miguel VIII Paleólogo conquistó Constantinopla y fue coronado basileo en Constantinopla junto con su hijo Andrónico II Paleólogo

1326-1453 Guerras bizantinas-otomanas

1453 Caída de Constantinopla: las fuerzas otomanas entraron en Constantinopla; Basileo Constantino XI Paleólogo fue asesinado

Notas finales

[i] El título del libro sobre el Imperio Bizantino por Lars Brownworth

[ii] Livio [Tito Livio (59 aC-17 d.C.) - un historiador romano; su historia de Roma desde su fundación hasta su época contenía 142 libros, de los cuales 35 sobreviven] apunta al vínculo entre la palabra lobo y una expresión coloquial utilizada para una prostituta y cree que fue la primera que cuidó a los hermanos pequeños

[iii] Según lo referido por Beard (SPQR, Una historia de la antigua Roma)

[iv] La edad y el origen de las figuras es un tema de controversia. Durante mucho tiempo se pensó que la Lupa era una obra etrusca del siglo V a.C., con los gemelos agregados a finales del siglo XV, pero la datación por radiocarbono y termoluminiscencia ha encontrado que posiblemente se fabricó en el siglo XIII.

[v] "¡Así que muere cualquiera que salte sobre mis muros!", Gritó Rómulo al matar a su hermano. (Livio)

[vi] David M. Gwynn, *La República Romana: Una breve introducción*, Oxford University Press, 2012

[vii] Plutarco, Moralia, Sobre la fortuna de los romanos http://www.gutenberg.org/ebooks/23639

[viii] Beard

[ix] Ibid.

[x] Gwynn

[xi] Stephen P. Oakley, "The Early Republic", en *The Cambridge Companion to the Roman Republic*, editado por Harriet I. Flower, Cambridge University Press, 2006.

[xii] Se dijo erróneamente que estas murallas fueron construidas por Servio Tulio y aún se conocen como las "Murallas Servianas".

[xiii] Livio

[xiv] La familia de Octavio era de Turios, de ahí la adición del nombre Turino.

[xv] Busto del emperador con la Corona Cívica, Palacio Bevilacqua, Verona, Italia/Wikimedia Commons.

[xvi] Publius (o Gaius) Cornelio Tácito, Anales (Los Anales).

[xvii] Cayo Suetonio Tranquilo, Los doce césares: la vida de Tiberio.

[xviii] Suetonio, Las vidas de doce césares, Vida de Nerón y Casio Dio, Historia romana.

[xix] Tácito, *Historias*.

[xx] Retrato de Nerón. Mármol, obra romana, siglo I d.C. Desde el área de Augustan en la colina del Palatino. Antiquarium del Palatino; Fuente: Wikimedia Commons.

[xxi] Suetonio, Dion Casio, Plinio el Viejo.

[xxii] Ibid.

[xxiii] Brian W. Jones, *El emperador Domiciano, 1993*.

[xxiv] Maquiavelo, *Discursos sobre Livio*.

[xxv] Michael Peachin, "Roma la Superpotencia: 96–235 CE", en: Un compañero del Imperio Romano editado por David Potter, Blackwell Publishing Ltd, 2006.

[xxvi] Wikimedia Commons.

[xxvii] Dion Casio, *Historia Romana*.

[xxviii] Consulte el capítulo 5.

[xxix] Julian Bennett, *Trajano*. Optimus Princeps. Bloomington: Indiana University Press, 2001.

[xxx] Scriptores Historiae Augustae, Adriano.

[xxxi] Ibid.

[xxxii] Dion Casio

[xxxiii] Juliano, según lo citado por Brownworth.

[xxxiv] Imagen cortesía de Classical Numismatic Group / Wikipedia Commons.

[xxxv] Segun lo citado en https://en.wikipedia.org/wiki/List_of_oracular_statements_from_Delphi; cinco traducciones diferentes disponibles aquí: http://laudatortemporisacti.blogspot.com/2012/12/the-last-oracle.html.

[xxxvi] Gibbon.

[xxxvii] Brownworth.

[xxxviii] Lars Brownworth, *Perdido al oeste: el imperio bizantino olvidado que rescató a la civilización occidental*, Crown Publishing, New York, 2009.

[xxxix] Brownworth; Edward Gibbon, *La historia de la decadencia y caída del imperio romano*, vol. Cinco, edición del *Proyecto Gutenberg*.: http://www.gutenberg.org/files/735/735-h/735-h.htm.

[xl] Imagen cortesía de Arild Vågen (Wikipedia Commons).

www.ingramcontent.com/pod-product-compliance
Lightning Source LLC
LaVergne TN
LVHW040108080526
838202LV00045B/3825